语文素养培养的研究

李　杰　吴丽华　张建宁　著

吉林文史出版社

图书在版编目（CIP）数据

语文素养培养的研究 / 李杰，吴丽华，张建宁著
. -- 长春：吉林文史出版社，2024.4
ISBN 978-7-5752-0197-1

Ⅰ. ①语… Ⅱ. ①李… ②吴… ③张… Ⅲ. ①语文教学－教学研究 Ⅳ. ① H193

中国国家版本馆 CIP 数据核字 (2024) 第 089271 号

语文素养培养的研究
YUWEN SUYANG PEIYANG DE YANJIU

出 版 人：张　强
著　　者：李　杰　吴丽华　张建宁
责任编辑：刘姝君
出版发行：吉林文史出版社
电　　话：0431-81629359
地　　址：长春市福祉大路5788号
邮　　编：130117
网　　址：www.jlws.com.cn
印　　刷：长春市华远印务有限公司
开　　本：890mm × 1230mm　1/16
印　　张：13
字　　数：175千字
版　　次：2024年4月第1版
印　　次：2024年4月第1次印刷
书　　号：ISBN 978-7-5752-0197-1
定　　价：58.00元

前　言

语文是一门综合性和人文性较强的学科，教师可以充分利用学生的兴趣，将语文素养培养融入教学活动，促进学生学习质量的提高，增强教学效果。在时代的影响下，人们对如何教育学生、培养学生有了新的思考，教师也学习了新的教学理念，形成了新的教学策略。在这样的背景下，开展学生核心素养培养能够改善学生的学习现状，使学生适应时代的发展，为学生创造美好的明天。

基于此，笔者围绕语文素养培养展开研究，首先详细介绍了语文新课程的理论基础，让读者对语文新课程有初步的认识；接着深入分析了语文教学设计、教学目标、教学过程、语文教学思维能力的培养等内容，让读者对语文教学相关内容有更深的了解；最后将理论与实践相结合，通过语文阅读教学、语文写作教学和语文口语交际教学，对语文核心素养培养进行了探究，旨在为广大语文教师的核心素养教学提供一些可行性建议，为教师教学效率的提高提供有效参考。

本书论述严谨，结构合理，条理清晰，内容丰富新颖，具有前瞻性。在编写的过程中，本书参考、选取了相关图书、报刊和网站文献中的部分资料。在此向资料的作者表示诚挚的谢意！

由于语文素养的研究内容广泛，具有较强的综合性和应用性，加之作者水平有限，时间仓促，书中难免存在一些缺点、错误和不妥之处，敬请读者批评指正，以便今后进一步修改，使之日臻完善。

目　　录

第一章　语文新课程的理论基础

第一节　语文新课程的性质

一、语文新课程的设立

从我国现代教育发展历程来看，语文是作为一门重要的课程而设立的。它虽然经历了从文辞教学到母语学习的变化，但基于传统的以读经为目的、以“中国文辞”为内容的课程历史是极其短暂的。随着语文教学改革的推进，本国语言即母语的教育很快就成为这门课程的发展主流。因此，准确理解语文新课程的性质，一定要认准语文教育即母语教育。

二、对语文新课程性质的基本认识

随着时间的推移，虽然人们依据语文新课程在不同方面的不同表现，对“语文”一词的含义做过多种多样的解释，有解释为语言文字的，有解释为语言文学的，也有解释为语言文章的，甚至有解释为语言文化的，等等，但是，有一点十分清楚，那就是，无论哪一种解释，都没有离开“语言”这一基本概念。

其实，从对“语文”的解释人们可以明确知道，从某种意义上，可以说语文就是语言，语文课就是语言课，是中华民族共同语（我们的母语）的教养课。由此可以得知，中小学语文新课程就是在中小学教育阶段对学生继续实施母语教育的课程。因而，探讨中小学语文新课程的性质，还是应当回到语文课就是母语教育课这一基本认识上来。

语言是最重要的交际工具，是人类文化的重要组成部分。工具性与人文性的统一，是语文新课程的基本特点。

尽管这样有限的表述并没有直接指明语文是一门什么性质的课程，但是，无论是从“它强调语言是最重要的交际工具”，还是从“它强调语言是人类文化的重要组成部分”，都可知，从某种程度而言，语文课就是语言课。

因为人类最重要的交际工具就是语言，语言是人类文明进化过程中的必然产物，它既是人类文化的重要载体，也是人类文化的重要组成部分。而正是在这样的基本定义下，工具性与人文性的统一是语文新课程的基本特点。据此可以认定，语文课既是一门具有工具性的课程，又是一门具有人文性的课程，是工具性与人文性相统一的课程。

在认识语文新课程的性质时，必须充分理解以下三个命题。

（一）语言是最重要的交际工具

语言是人类最重要的交际工具，表明了它的基本功能就是信息沟通。语言作为人类特有的第二信号系统，是人类在与大自然的斗争发展到了必须相互交流以实现协同合作的情形下产生的。

语言作为人类最基本的交际工具，既满足了人类表达思想的需要，也实现了人类接收信息的愿望。人类正是凭借言语交流形成了社会合力，从而增强了自身战胜大自然以获取更大生存空间的能力。自从有了语言这种工具，人类开阔了视野，拓展了生活的空间，形成了人与人之间的广泛联系，从而使人类社会得以形成并不断发展。虽然随着人类文明尤其是科学技术的不断进步与创新，人类发明了越来越多的交际工具，拥有了各种各样的沟通手段，但是，语言这种伴随着人类思想产生、发展的特殊工具，始终是人类最基本也是最重要的交际工具。

语文是一门具有工具性的课程，这是由语言的工具性决定的。语文新课程的重要目标之一，就是使学生掌握本民族交流信息的工具，而掌握这种工具，是学生作为本民族的成员所必需的能力。语文新课程应致力于学生语文素养的形成和发展。

语文能力是语文素养的基本元素，而语文能力的具备，就是以正确掌握及使用语言这一工具为标志的。语文新课程要求学生学习的，既包括祖国的语言文字，也包括对祖国语言文字正确而有效地进行“听”“说”“读”“写”

的技能。就是说，在语文新课程的学习中，学生不仅要掌握本民族赖以交流的最基本的信息符号，也要吸收本民族运用这种符号工具进行交际的聪明智慧。作为一种在生活实践中交际的工具，学生只有反复地进行语言运用的实践，才能认识这种工具的原理和方法，从而掌握它。

语文是实践性很强的课程，教师应着重培养学生的语文实践能力，而培养这种能力的主要途径也应是语文实践。由此可见，无论是从课程目标，还是从学习的内容、过程和方法等都不难看出，语文新课程的工具性既渗透于它的内涵，也表现于它的实施过程。语言是最重要的交际工具，语文课是一门最基本的交际工具课。

（二）语文是人类文化的重要组成部分

语言是人类在不断脱离原始愚昧逐渐走向文明进步的进程中产生的。语言作为人类在自身的文明进化过程中创造出来的产物，毫无疑问是人类绚烂文化的一个重要组成部分。

然而，语言又是人类文化体系中一个极其独特的分子，其独特性就在于，它不仅是人类文化的基本内容之一，还是承载人类文化的一种工具。语言是一种可以感知的、自成体系的符号系统，它或以声音表示，或以图形表示，但这种外在的表现形式并不能独立存在，它必须依赖于人类的思想元素才具有真正的意义。语言是反映人类精神产物的媒介，所以，当人类运用语言进行交际时，总是透过它的符号形式去领悟它所表示的精神内涵，从而实现彼此的沟通。语言的这种特殊性质，说明它不仅具有工具性，也具有人文性。

语文新课程丰富的人文内涵对学生精神世界的影响是深远的。这一论断首先就包含一个基本观点，即由语言的人文性而得出语文课是一门具有人文性的课程。正是因为语文课有着丰富的人文内涵，不仅蕴含着孕育了几千年历史的深厚博大的中华民族文化，还包含着丰富多元的世界各地区各民族的文化，所以，语文新课程必须重视发挥熏陶感染作用，担负起对学生进行情感态度和价值观教育的任务。

语文新课程要使学生在掌握语文工具的同时，认识和吸收本民族文化的精髓和人类文化的营养，不断提高自己的文化品位和审美情趣，并在爱国主义情感、社会主义道德品质等方面获得陶冶和培养，逐步成为具备积极人生态度和正确价值观的新一代。

作为一门具有人文性质的课程，语文新课程重视学生在语文学习过程中的精神感悟和独特体验。心理学的研究成果已经证实，人在感知客观事物的时候是具有选择性的。人的这种主观选择性源于人的知识积累与思维主动性。学生在语文学习的过程中，并不是像照相机那样，对语文教材所展示的学习内容巨细无遗地全盘吸收，而是以自己的兴趣、需要等去确定自己所关注的内容。

不同的人有着不同的经验与认知结构，因而每个学生对学习内容的感知方向、领悟程度等也是有区别的。所以，语文作为一门具有人文性的课程，既要重视教材所蕴含的人文精神，也要重视学生在学习语文时的个性体验，始终保持学习者与学习内容的对话关系与互动机制，这是坚持语文课人文性的一种具体表现。

（三）语文工具性与人文性的统一

工具性与人文性的统一，是语文新课程的基本特点。具体可以从以下方面去理解这一关于工具性与人文性关系的定论。

1.从语言的基本结构去理解

语言作为人类传情达意的工具，其基本结构包括语言的形式与语言的内涵这两个同一整体中不可分离的组成元素。这是由语言的客观性决定的。一方面，人的思维过程及结果需要语言作为“表达”的符号，否则这些概念化、判断化、推理化、结论化的思维过程及结果便无以呈现，只能局限于个体的内省状态。这样，人际交往便无法进行，信息沟通无以实现，人类将难以完成从个体化走向社会化的文明进程。另一方面，没有人的思想活动，没有人对客观世界从感知到理解再到创造的能动认识，没有人类相互之间沟通交流的倾向性，语言就将成为一堆毫无意义的外壳，甚至根本没有产生与存在的必要。所以，尽管语言的形式与语言的内涵两者具有不可替代的相对独立性，但它们都不可能独立存在。语言的结构及其内部关系在客观上已经决定了语文新课程工具性与人文性相统一的基本特点。

2.从语文教育追求的目标去理解

语文新课程应培育学生热爱祖国语言文字的思想感情，指导学生正确地理解和运用祖国语言文字，丰富语言的积累，培养语感，发散思维，使他们具有适应实际需要的识字写字能力、阅读能力、写作能力、口语交际能力。

语文新课程还应重视提高学生的品德修养和审美情趣，使他们逐步形成良好的个性和健全的人格，促进德、智、体、美、劳的和谐发展。语文新课程要培养和发展学生的语文素养，实现从掌握基本交际工具到全面陶冶人文修养的整体目标，就应当尊重语言的形式与语言的内涵相互统一的客观事实，不仅要严格按照语言的内在原理实施教育，还要充分利用语言的这一客观规律，在语文教育活动中，通过各种有效的方法，将语文实践及文化学习统一起来，以努力达成课程目标。

母语是本民族语言交流的基本工具，也是本民族文化的重要组成部分。这些基本事实决定了语文新课程必然导致相关教育活动把工具性与人文性两者统一起来。语文新课程工具性与人文性相统一的基本特点不仅渗透于语文新课程的内容体系中，而且贯穿于语文新课程实施的始终，这也是语文新课程有别于其他课程的根本所在。

第二节　语文新课程的理念

一、全面提高学生的语文素养

“全面提高学生的语文素养”，这是中小学语文新课程教学着重强调的第一个基本理念。正确理解这句话，应该把握两个重点：一是面向全体学生；二是提高语文素养。

（一）面向全体学生

根据国际“全纳教育”（面向全体受教育者的教育）的最新教育理念和义务教育的性质，在总结我国实施九年义务教育的经验的基础上，笔者特别强调，义务教育课程应适应普及义务教育的要求，让绝大多数学生都能够经过努力达成相关教育目标，体现国家对公民素质的基本要求。

（二）提高语文素养

“语文素养”，这是语文新课程目标的核心概念。以前人们熟悉并且习惯的说法是“语文能力”。那么，“语文素养”与“语文能力”有什么区别呢?

1.词义的比较

通过工具书，看看“能力”和“素养”这两个词语有什么不同。

“能力”解释为“能胜任某项任务的主观条件”及“潜在于个体身上，通过完成某种身体活动，或心理活动，或学习活动所表现出的个性特征”。

“素养”解释为“平日的修养”“经常修习涵养”。“修养”解释为“理论、知识、艺术、思想等方面的一定水平；养成的正确待人处事的态度”。

从以上解释来看，“能力”是指能胜任、完成某项工作的自身条件（包括自身生理和心理条件），重在功用性。素养是指通过长期的学习和实践在某一方面所达到的高度，包括功用性和非功用性两个方面。[①]

2.概念的理解

长期以来人们熟悉的“语文能力”包括听、说、读、写。“语文素养”则是内涵丰富的概念，它包括学生热爱祖国语言文字的思想感情，字词句篇的积累，语感，思维品质，语文学习方法和习惯，识字写字、阅读、写作和口语交际的能力，文化品位，审美情趣，知识视野，情感态度和价值观等。“语文能力”包含其中。“语文素养”包含的许多内容，在以前的语文教育目标里也有提及，但不能都归到“语文能力”的范围里；语文新课程需要有一个更大的名称来包括这些目标内容。因而，“语文素养”这一概念应运而生。

二、正确把握语文教育的特点

（一）语文新课程具有丰富的人文内涵

正确地把握这个特点，要注意两点：一是重视语文新课程的人文性价

①杜迤.中学语文教学高效策略［M］.银川：宁夏人民教育出版社，2016.

值；二是注重作品内容的多元解读。

1.语文新课程的人文性价值

语文新课程的性质表明，语文新课程具有丰富的人文性。这种丰富的人文性必然对学生的精神世界——情感态度和价值观产生广泛而深刻的影响。因此，语文教学应该重视语文新课程熏陶感染、潜移默化的作用；应该注意选取那些积极的、活泼的、健康的、精神情感价值含量高的作品，让学生在语文学习中多多受益，以提高学生的文化品位、人文素养和审美情趣。

2.作品内容的多元解读

不同于自然学科类课程，语文新课程的人文性主要体现在那些具有大量具体形象的、带有个人情感和主观色彩的内容。学生对于这些内容的解读虽然也有一致的时候，但总的来讲，在很多时候，由于个人的知识背景、生活经验、理解角度等方面的差异，这种解读、体悟或感受是多元的。这是必然的、完全正常的。

（二）语文教育具有很强的实践性

正确地把握这个特点，要注意两点：一是重视语文实践：二是不刻意追求语文知识的系统和完整。

1.重视语文实践

根据基础教育的性质和“语言是最重要的交际工具”这个基本特点，中学语文新课程的工具性目标一如既往地指向学生的“语言能力”——使他们具有适应实际需要的识字写字能力、阅读能力、写作能力、口语交际能力，这个目标定位毋庸置疑。

既然要获得语言能力，就离不开语言实践。诚如前人所说“板凳要坐十年冷，文章不写半句空”。语言实践的基本方式也就是听、说、读、写，包括多交际、多读书、读好书和多进行写作实践。当然，因为是语文课、是母语课，所以这种实践，不能仅限于学校、课堂和书本。正如一句早已为大家所熟知的话：“语文的外延和生活的外延相等。”凡有人群的地方就有生活，凡有生活的地方就有语文，凡有人群和生活的地方就可以学习和练习语言。语言学习机会和学习资源“无处不在，无时不有”。

过去的语文教学，受传统教育思想、课程认识和办学条件的影响，存在着明显的不足。一是只让语文实践充当考试的工具，只要求学生读课文、做与考试有关的基本练习，把语文实践当成纯粹的考试操练，严重忽略了语文学习的本体需要。二是把语文实践理解得过于狭窄，缺乏语文学习的机会意识和资源意识，未能很好地加强校内外、课内外和语文学科与其他学科之间的联系，尤其是没有把学生的语文学习和学生的生活实践、生命体验、精神成长联系起来，语文教学仍然带有强烈的课堂本位、课本本位和知识本位的色彩。三是没有积极创造条件引导学生进行广泛而有意义的阅读，忽视“厚积薄发”或“博览群书”的作用。“厚积薄发”或“博览群书”是语文实践的基础。没有广泛而有意义的阅读就没有语文实践。

2.不刻意追求语文知识的系统和完整

语文新课程实践性很强，但不只是要求实践操作。语文学习涉及语音、文字、词汇、语法、修辞、逻辑、文章、文学的知识，甚至是有关历史、文化、人生、社会、自然和思想、政治、道德、情感等各个方面的知识。学习和了解这些知识，对学生的语文实践，也具有很好的指导和帮助作用。但是，语文新课程不宜刻意追求语文知识的系统和完整。

过去有一种认识，以为学生的语文能力由语文知识迁移、转化而来。按照这种认识，越来越多的教材和教师，从学科知识体系出发，建构语文教学思路：先把系统的语文知识分解成若干个知识点，并把这些知识点分布至不同的学年、学期和单元，再按照知识要求去寻找课文做“例子”，并编写“导语”“提示”“习题”“练习”，例子用来说明知识与原理，习题的操练是为了巩固知识、培养能力，以为这样，久而久之，学生既能掌握知识，又能形成相应的能力。实际上这是一种本末倒置的以别人的经验（人类的公共知识）为“触媒”的形式训练，而不是一种根植于学习者个人经验（有待进入公共知识系统的个人知识）的实践教学。

学生语文能力的形成、发展过程，实质上是不断进行听说读写实践并将这种“言语行为”最终内化为个人“言语素养”、形成个人“言语经验”的过程。在这个过程中，积极吸收、顺应、同化别人的经验（各种语文知识）以加速个人的经验建构，也是必要的。但是，在这里，个人的言语行为和经验是第一位的，他人的是第二位的；个人的经验、活动是能力、素养形成与建构的先决条件和基础，他人的经验和示范（公共的语文知识）只对其起参考、提示、辅助的作用。所以在实践主导型的语文教学中，有关语文知识的教学只能是随机的、零星的、辅助式的，无须刻意追求其完整性与系统性。

（三）汉字的特点对语文教育具有重要的影响

汉语的书写形式是平面结构的方块字，构造复杂，笔画种类繁多，组合样式丰富；汉字有形、有音、有义，是形、音、义的综合体；汉字中蕴藏着丰富的文化信息。由汉字构成的词汇、句子，虽然也存在着一定的逻辑，但总的来讲，其语法结构灵活，思维方式和修辞规则理论模糊，没有丰富的、有规则的形态变化，阅读领悟中的停顿需要借助经验、直觉、语感整体把握。

注重整体把握和语感规律，是我国语文教育的优良传统。但长期以来，教师丢掉了这个传统，盛行分析讲解和语法修辞知识传授。用语法修辞知识系统设计安排“训练点”以训练学生理解与运用汉字的能力，其流弊众所周知，必须引起高度重视，并在实践中切实加以纠正。

三、积极倡导自主、合作、探究的学习方式

时代、社会的发展越来越要求人们具有高度的自主性、独立性、合作性和创造性。反映到学校教育上，要求教师更新教育观念，学生改变学习方式。而我国现行的学习方式还是偏向传统和保守。这种方式把学习建立在人的客体性、受动性、依赖性上，导致人的主体性、能动性、独立性、创造性不断销蚀。基于这种考虑，人们要改变课程实施过于强调接受学习、死记硬背、机械训练的现状，倡导学生主动参与、乐于探究、勤于动手，培养学生搜集和处理信息的能力、获取新知识的能力、分析和解决问题的能力及交流与合作的能力。

（一）对学习方式的理解

学习方式是指个人在学习时接收或加工信息的方式。学习方式在不同年龄和智力水平的人身上有很大差异。学习方式较之于学习方法是更为上位的概念：学习方式相对稳定，学习方法相对灵活；学习方式不仅包括相对的学习方法，而且涉及学习偏好、学习习惯、学习态度、学习品质等心理因素。所以，学习方式的转变较之于某种学习方法的提倡，对促进学生的发展更具

有战略意义。

1.自主学习的方式

自主学习是一种学习者在总体教学目标的宏观调控下，在教师的指导下，根据自身条件和需要自由地选择学习目标、学习内容、学习方法，并通过自我调控的学习活动完成具体学习目标的学习方式。

自主学习产生于人本主义“以学习者为中心”的教育理论，它弥补了传统教育侧重于“教”（包括教育者、教育目标、教育内容、教育方法等）而忽视“学”（包括学习者的地位、价值、权利、情感、需要、潜质及其差异等）的不足，是一种更能满足现代学习化社会需要的学习理论，因而深受各国教育创新者的青睐，是一种正在世界流行和普及的学习理念。与自主学习相对的是他主学习，即他人（教师）做主的一种学习。相对于“他主学习”中学生学习的受动性、依赖性和“齐步走”，自主学习具有能动性、独立性和异步性的特点。

自主学习的巨大教学价值在于：自主学习能激活、调动学生学习的积极性，促进学生良好的学习态度与学习心态的形成；自主学习能让学生潜在的个性特长得到充分的发展；学生可以通过对教学内容的自主探究，对知识、方法、技能达到自觉、深刻、持续的掌握，提高自主学习的能力。

倡导自主学习，教师要帮助学生提高学习的自觉性，掌握学习方法，养成良好的学习习惯。具体来讲，学生应该具有下列自主学习意识和能力：第一，充分了解自己的智力水平、学习风格、个性特征、当前的水平、成功的概率和程度等；第二，明确学习的最终目标，以确定具体的学习目标；第三，善于拓宽信息渠道，掌握获取信息的技能，以便在选择学习内容、学习材料等方面具有更高的自由度；第四，善于与教师或同学共同探讨学习方法、交流学习体会和学习材料，在必要的情况下相互帮助；第五，善于与其他人交流情感、偏好，在必要的时候寻求适当的帮助。

2.合作学习的方式

合作学习是指学生在学习群体中“为了完成共同的任务，有明确的责任分工的互助性学习”。20世纪90年代，我国开始引进小组合作学习。江苏、浙江、山东等地都开展了合作学习实验。

教学活动是一种双边和多边活动，既有师生之间的互动，也有生生之间的互动。生生之间的互动，又包括学生个体之间、个体与群体之间、群体与群体之间的互动。合作学习有助于发挥这种集体学习的优势，增强学习互动的有效性。现代社会越来越强调合作：人与人的合作、人与组织的合作、群体与群体的合作等。对正在成长中的青少年来讲，合作的精神和意识、合作中的交往方法和技能等应该从小培养、从学习中培养。

合作学习的模式或方法很多，但一般包括一些共同的因素，显示出一些基本的特征。例如，混合编组，积极互赖，小组内的学生在能力、风格、性别、背景等方面是有差异的、互补的，小组成员之间是同舟共济、荣辱与共的关系；任务分割，结果整合，即把学习任务切分成若干块分给小组成员，小组成员全力以赴完成自己所承担的任务后，再由小组汇总向全班展示；个人计算成绩，小组合计总分，即将小组中每个人的积分加在一起，各小组总分要进行比较，这有助于小组内部增强合作，共同进步。

倡导合作学习，仍然强调教师的引导作用。许多教师以为，只要以小组的形式进行学习，学生自然就会合作。有些教师只关注小组活动的结果，并不在乎小组活动的过程。而实际情况往往是，在许多小组合作学习的过程中，不少学生无所事事，只要小组有人能够给出结果，整个小组就能顺利过关。这是需要克服的、导致合作学习不能顺利进行的众多因素之一。出现这一问题的原因是小组成员缺乏合作的方法，不会交际。因此，教师应该教给学生必要的社交技能。这些技能包括：①组成小组的技能，包括向他人问候、自我介绍和介绍他人等；②小组活动的基本技能，包括表达感谢、对感谢的应答、注意听他人讲话、鼓励他人参与、对鼓励参与的应答、用幽默的方式帮助小组继续活动；③交流思想的技能，包括提建议、对建议的应答、询问原因、提供原因、有礼貌地表示不赞成、对不赞同的应答、说服他人。

3.探究学习的方式

探究学习是指学生独立发现问题、解决问题从而获得知识和发展的学习方式。

探究学习也可称为发现学习，它的反面就是目前学校的主要学习方式——接受学习，即由教师通过教材等把世界上已有的东西传授给学生。这种接受学习当然还是必要的，但它所产生的负面影响引起了现代教育的高度重视。它过分突出和强调接受与掌握、冷落和忽视、发现与探究，从而在实践上导致了对学生认识过程的极端处理，使学生学习书本知识变成直接接受书本知识，学习成了纯粹、被动地接受、记忆的过程。这种学习方式遏制人的思维和智力发展，磨灭人的学习兴趣和热情。它不仅不能促进学生的发展，反而成为学生发展的阻力。

而探究学习可以作为接受学习的重要补充。探究学习的主要特征是问题性、实践性、开放性和整合性。在探究学习中，学习内容是以问题的形式间接呈现出来的，学生是知识的发现者。相对于接受学习的种种弊端，它更有助于突出学生的主体性，发挥其能动性，更有利于实行“情景教学”和“整合式教学”，有利于培养学生的创新精神和探究能力，尤其是那些宝贵的实事求是、锲而不舍、坚持真理的探究精神和态度。

探究学习作为一种模拟科学家探究活动、再现人类发现情景的学习方式，包括“产生问题意识—形成假说—整合资料—得出结论—验证结论—反思评价”等完整的活动过程。不过，作为学生的探究与作为科学家的探究是有区别的。前者是一种教育学意义上的学习，既可以探究科学史上已知而自己尚未知的东西，也可以探究科学史上未知的东西；后者是一种科学史意义上的研究，只能探究科学史上未知的东西。有些学校对探究学习的认识有误区，以为探究学习就是要像研究人员一样搞发明创造和撰写论著。因此，在指导学生选题上，过于强调“原创”“未知”。另有一些学校把探究学习作为彰显“实施素质教育办学成果”的“花架子”，由教师和少数学生组成课题组“攻关”，争取在探究学习竞赛评比活动中获奖，而把大多数学生撇在一边。这些都是不正确的。

此外，语文综合性学习也是培养学生主动探究、团结合作、勇于创新精神的重要途径。

（二）改变学习方式的要求

改变原有单一、被动的学习方式，就是要转变那种他主性、被动性的学习状态，把学习变成人的主体性、能动性、独立性、创造性的不断生成、张扬、发展、提升的过程。在这里，学习不再是一种异己的外在的控制力量，而是一种发自内在的精神解放运动。教育的最终目的不是传授已有的东西，而是要把人的创造力量激发出来。这是学习观的根本变革。这种转变旨在建立和形成能够充分调动、发挥学生主体性、多样化的学习方式，促进学生在教师引导下主动、富有个性的学习和发展。

积极倡导新型的学习方式，对学生来说，就是要改变一种习惯，要在已经习惯的消极、被动、强制、接受学习以外，学会积极、主动、自觉、合作、探究的学习。对教师来说，就是要转变观念，要真正确立“学生是学习和发展主体”的观念。语文新课程必须根据学生身心发展和语文学习的特点，关注学生的个体差异和不同的学习需要，保护学生的好奇心、求知欲，充分激发学生的主动意识和进取精神，鼓励和帮助学生自己探究问题，尝试采用不同的方法，摸索适合自己获取新知和能力的途径；重视培养学生的批判意识和怀疑精神，鼓励学生对书本的质疑和对教师的超越，赞赏学生独特性和富有个性化的理解与表达。整个语文课过程中“教学内容的确定，教学方法的选择，评价方式的设计”，都应该有助于这些教学观念的确立和这些学习方式的形成。

第三节　语文新课程的意义

一、语文新课程的基础意义

通常，事物的意义即价值源于它的社会功能以及对于个体发展的作用。而其功能及作用又是由它的性质决定的。希望本书的学习者在认识语文新课程意义时间时，始终坚持语文新课程“工具性与人文性的统一”的性质观。

语文新课程的社会功能是由语文教育工具性与人文性相统一的基本特点决定的。因为是工具性的课程，所以它具有言语教养的功能。在这门课程的学习中，学生通过语文实践获得对母语的认识，并掌握母语工具。因为是人文性的课程，所以它又具有精神陶冶的功能。学生在学习母语的过程中，不断地从语言所承载的精神内涵中获益，从而提高自己的人文素养。因为是工具性与人文性相统一的课程，所以语文新课程将有助于学生全面形成和发展自己的语文素养。

语文素养是指人经过长期的语文学习及实践，在语文方面形成的修养。它既包括从言语行为表现出来的语言运用能力，也包括与语文的内涵相关的心理特质。语文新课程应致力于学生语文素养的形成和发展。语文素养是学生学好其他课程的基础，也是学生全面发展和终身发展的基础。语文新课程的多重功能和奠基作用，决定了它在九年义务教育阶段的重要地位。由此可见，语文新课程的意义是重大的。

（一）语文素养是学生学好其他课程的基础

学生学习的主要任务是在教师引导下学习和继承人类已有的认识成果，从而获得认识和改造世界的能力。学生要想掌握人类已经积累的经验和系统的知识，即把他人的认识转化为自己的认识，把人类的认识转化为个体认识，首先要掌握好“语言”这种工具。因为人类已经积累的经验和系统的知识，主要就是通过“语言”这个媒介去加以具象化并表现出来的。在学生学习的各门课程的教材中，除了一些学科必需的图形、线条、字母、数字等，绝大部分的表意符号都是基本的文字。甚至上述非文字的表达符号也常常需要文字去加以解释。即使到了多媒体时代，文字也仍然是教材最基本的符号。

因此，学生学习其他课程的教材，必须先具备良好的语文素养。另外，教学这种师生之间的交流活动，其基本媒介也是语言，而且主要是口头语言。各门课程的教学活动除了利用板书和多媒体演示等作为辅助手段，基本还是通过师生双方的有声言语，即交流实现的。倘若学生对口头语言的感悟和表达水平有限，那么他的学习也会受到负面的影响。

（二）语文素养是学生全面发展和终身发展的基础

“语文素养”包括字词句篇的积累，语感，思维品质，语文学习方法和习惯，识字写字、阅读、写作和口语交际的能力，文化品位，审美情趣，知识视野，情感态度与价值观等内容。

由此看来，以形成和发展学生的语文素养为其特殊任务的语文新课程必然与学生的全面发展有着密切的联系。学生在语文新课程的学习和实践中，一方面能够掌握受用于生活领域的语言工具，另一方面能得到丰富而深刻的人文陶冶，有助于他们健康良好的情感态度与价值观的形成与发展。学生在语文新课程中奠定的基础，将对他们的终身发展产生巨大的影响作用。学生在校学习的时间是有限的，而学校教育所产生的积极影响是其他教育不能企及的。这些重要的前提都表明中学语文新课程对学生健康成长具有基础作用。

二、语文新课程的特殊意义

中小学语文新课程是教育系统的一个重要组成部分，且具有多重功能和奠基作用，所以，它在教育中就具有较其他课程更为特别的意义。语文新课程的特殊性，主要表现在以下三个方面。

（一）中小学语文新课程的发展性

中学语文新课程是小学语文新课程的巩固和发展，其发展性主要表现在五个方面：①识字写字方面，有识字量的发展、书写字体与书法审美的发展；②阅读方面，有阅读速度的发展、阅读文体的发展、阅读思考的发展、阅读语体的发展、语法知识的发展、阅读总量和难度的发展等；③写作方面，有创意写作的发展、掌握文体和表达方式的发展、掌握写作过程的发展、写作速度的发展等；④口语交际方面，有交流态度的发展、应对能力的发展、掌握各种口语交流方式的发展等；⑤综合性学习方面，有组织语文活动能力的发展、综合研究与写作能力的发展、综合运用各种表达手段的发展、查找和使用资料能力的发展等。

因此，中学语文新课程及其实施一方面要注意与小学语文新课程的衔接，以小学语文教学的效果为学习中学语文新课程的基础；另一方面要注意在小学语文学习的基础上有所发展、有所提高，使学生不断进步。

（二）中小学语文新课程的终端性

中小学语文新课程担负着最终完成义务教育阶段母语教育任务的特殊使命，因而，虽然它并不是基础教育的结束，但对基本的母语文化来说，它在内容的设置上还是带有一定的终端性，这是人们必须认清的。

在中小学语文新课程阶段需要完成的语文教育任务主要表现在十个方面：①识字教学，我国的母语教育要求学生掌握常用汉字3500个左右，这个任务被安排在初中语文新课程中；②基本语法修辞知识的教学，包括词的分类、短语的结构、单句的成分、复句（限于二重）的类型、常见修辞格的教学；③各种常用文章的阅读及写作，包括记叙文、说明文、议论文和日常应用文等；④基本表达方式的掌握，包括叙述、描写、说明、议论、抒情等；⑤各类文学样式的了解，包括诗歌、散文、小说、戏剧等；⑥各类阅读方法的掌握，包括默读、诵读、略读、浏览以及文学欣赏、探究性阅读等；⑦古代诗文的阅读，包括古代诗词的诵读和浅易文言文的阅读；⑧常用标点符号的正确使用；⑨各种常用的口语交际，包括聆听和讲述、演讲、讨论等；⑩资料的查找和引用等。这些内容虽然在高中的学习中还要继续，但作为语文结构的基本元素，初中语文新课程已经承担了至少是初步完成了相关教学任务。这样做可以使接受完义务教育的学生形成一个国家公民应具备的、较完整的语文结构。

（三）中小学语文新课程的基础性

这里所说的基础性相对于高中语文新课程而言。中小学语文新课程虽然具有一定的终端性，但毫无疑问，它所包含的教育内容在高中语文新课程中仍然需要学生通过进一步的学习巩固、深化和拓展。所以，从学校语文新课程的大系统来看，中小学语文新课程仍然是学生语文素养进一步发展的重要基础。

普通高中教育是面向大众的、与九年义务教育相衔接的基础教育。高中语文新课程的建设，应以马克思主义和教育科学理论为指导，在义务教育语文新课程改革的基础上继续推进。高中语文新课程应继续坚持基本理念，根据新时期高中语文新课程的任务和学生的需求，从“知识和能力”“过程和方法”“情感态度与价值观”三个方面出发设计课程目标，努力改革课程的内容、结构和实施机制。

综上所述，中小学语文新课程及其实施无论是在学校语文新课程的系统中，还是在整个基础教育的系统中，都居于一个特殊的位置，它将对学生的语文素养乃至整个文化素养的形成和发展发挥特别的作用。这种极其特殊的意义，是由语文新课程的本质决定的，所以，确立正确的语文新课程性质观，是正确认识及实施中小学语文新课程的根本所在。

第四节　语文新课程教学模式

一、自主课堂模式的构建

讨论现代学校的课堂需要把眼光放远一点，重新思考“学校”是做什么的，“课堂”是怎么回事。通俗地讲，学校是集中培养人才的所在，是指导学生成长的地方，是学生集体学习的场所。而课堂是所有规划具体实施的载体，是教育真正发生的地方，是学生通过学习实现自我发展目标的理想选择。这里的主体是学生，这里的主要活动是学习。

显然，学习是学生主体意识不断觉醒、提升的过程，是内在潜能不断被挖掘、激发的过程，是视野不断拓展、开阔的过程，是知识不断积累的过程。从事物发展规律的角度考虑，在这个教师和学生共同参与的学习活动中，学生——事物发展的内因，起决定性的作用；而教师——事物发展的外因，只能通过学生这一内因起作用。所以说，在整个教育活动中，尤其是在课堂教学中，只有使学生这一内因产生强大的求知欲，并在学习过程中一直保持积极态度的教育和课堂才是成功的高效的课堂。这样的课堂就是“自主的课堂”。[①]

“自主”是学生的一种状态。“自主的课堂”可以从这么几个角度去理解：对于将要发生的课堂，从情感的角度讲，学生具有浓厚的兴趣；从理智的角度讲，学生具有强烈的求知欲；从心理发育的角度讲，学生具有天然的好奇心。所以在课堂上表现出来的学生的态度是主动的、积极的，学生是蓄势待发的船，是拉满弓弦的箭。

这样的状态是学生天生有的吗？或者是能够持续拥有的吗？答案显然是否定的。所以这就需要教师发挥自身能量，打造自主的课堂。

除了对学生价值观的引导，教师更应该用知识的趣味性吸引学生。客观

---

①吴旭文.浅谈如何在语文教学中培养中学学生的语文素养［J］.课外语文，2021（6）：31—32.

事物本身是奥妙无穷、充满美感的，教师应尽力挖掘，从而达到不给学生压力、给学生魅力的目的，让学生感觉知识不仅是可敬的，还是可亲的。

贴近学生，从学生的兴趣、爱好出发创设情境，尤其是设计每一节课的导语，非常重要。好的导语会使学生跃跃欲试，这正应了人们常说的“良好的开端等于成功的一半”。在此基础上再在教学过程中辅以恰当的点拨、适时的引导、真切的鼓励，自会产生事半功倍的效果。

培养健全人格，保护学生个性，是促进学生自身积极、主动发展的前提。素质的形成是一个持续的内化过程，内化的不可代替性决定了教育活动必须充分发挥学生的主体性。

新课程提倡自主、合作、探究的学习方式，以学生为本，把课堂还给学生。教师应着力打造自主课堂，让学生在生动、活泼的状态中高效地进行习。

二、合作课堂模式的构建

合作意识与合作能力要在学习中培养。营造师生共同学习、探索和研究问题的环境氛围，建立对话、交互的教学模式，正在成为教师从业的必备素质。

教师在教育教学活动中应该努力创设合作式学习的情境，切实为学生养成合作意识与发展协作能力搭建舞台。课堂上，应该更多地给学生提供互相交流、共同切磋的机会；活动中，应该使学生更多地体验相互帮助、共同分享的快乐。要让学生在充满合作机会的个体与群体的交往中，学会沟通，学会互助，学会分享；既能够尊重他人、理解他人、欣赏他人，又能使自己更好地得到他人的尊重、理解和欣赏。

从现实来看，合作学习无疑会提高整体课堂效率。合作学习的本质是分享彼此的思考、经验和知识，交流彼此的情感、体验和观念，在思想的碰撞中对接、融合，最终共识、共赏、共进。正如古人所说：“水尝无华，相荡乃成涟漪；石本无火，相击而生灵光。”

那么，合作有哪些方面的含义呢？从大的方面说，由学生和教师共同参与的“班级授课制”构成了一个学习共同体，每一个人都是不可或缺的课程资源。从小的方面说，课堂中很多问题的解决是靠集体的智慧完成的，尤其是教师经常用到的“小组讨论式学习”是合作学习的典型体现。①

新课程实施以来，很多教师都重视在课堂教学中运用小组讨论式学习，但情况五花八门，存在的误区也有多种：或蜻蜓点水，浮光掠影；或信马由缰，放任自流；或一枝独秀，万马齐喑；或表面热闹，成效甚微；或漫无目的，无所适从。

出现这些误区的原因有以下几个方面：一是教师对这种学习方式还没有足够的认识，没有认识到它的意义和价值，因此常常用它来展示自己的教学能力；二是一些教师没有认清自己在讨论学习中的位置和所应发挥的作用，认为讨论在学生中进行是学生的事，所以常常袖手旁观；三是部分教师对讨论的内容没有充分的把握，或对内容本身没有深刻的认识，或对讨论内容需要的条件、时间等因素没做到心中有数；四是讨论内容的设计有问题，或者题目太难、太抽象，或者题目太简单没有讨论的必要。

针对这些情况，教师首先要深化认识，其次要明白合作学习虽然发生在学生中，但教师的责任不是轻了而是更重了，教师对内容的把握要更透彻，要对学习过程的调控游刃有余，要充分发挥组织者、引领者、合作者的作用。

三、探究课堂模式的构建

探究的课堂不仅要教学生“是什么”，更要教学生“为什么”；不仅要学生记住，更要学生明白、理解。用建构主义学习理论来解释，人的学习必须实现思维的“同化”（把知识编结在已有的知识结构中）或“顺应”（建立知识结构系统中新的链条）。教师必须找到学生的“最近发展区”，也就是学生已有的“结构系统”，在此基础上实现知识的编结或重构，这样才是在真正意义上帮助学生完成了学习过程。

探究的课堂不仅重视学生掌握知识的结果，更重视学生学习的过程。因而好的课堂教学评价系统，不能仅凭一张试卷评价教师教学的成败，而应关注课堂上学生学习的状态，包括学生的热情、参与度、投入度，把这一点作为评价教学的重要指标。这也是新课程所倡导的“以学论教”的内涵。

探究的课堂不仅关注学习内容的设计，更重视学习方法的指导，“授人

①纪泽林.初中语文随笔写作教学现状及改进策略研究［D］.南京：南京师范大学，2020.

以鱼，不如授人以渔”，教师的重要工作是为学生提供丰富的课程资源。①

学生的学习是在已有经验体系与新感悟的统一过程中，在变化着的客观世界与思维着的主观世界的矛盾统一中逐步发展前进的，所以学生学习的过程其实就是一个不断发现问题和解决问题的过程。学生如果没有问题，认识也就停止了，提出问题意味着到了知识的大门，解决问题就是获得了大门内的珠宝。问题和认识过程是不可分割的，所以课堂上除了要鼓励和启发学生去发现问题，教师的提问也是不可忽视的，甚至有时是起决定作用的。教师在引导学生探究学习时要注意以下几方面的问题。

第一，把学生引入问题情境，使他们的兴趣和注意力集中到某一特殊的专题或概念上，产生解决问题的自觉意识。

第二，激励学生不断地提出问题，积极参与学习活动，认真思考。同时促进师生之间、学生之间的交流。

第三，帮助学生提高搜集信息、整理信息的能力，提高他们运用有价值的信息、形成对问题的认识和清楚表达的能力。

第四，了解学生的认知状态，找出阻碍学生思考问题的困难所在，并给予恰当的指导。

四、民主课堂模式的构建

课程改革的核心理念是一切为了学生的发展，课程改革的总目标是构建民主科学的课程体系，所以课程环境必须是民主的。以学生发展为本的课程，是注重全体学生全面发展与个性差异相统一的课程，它把学生的发展作为课程改革的着眼点和归宿。

新课程课堂教学环境中教师的职责是帮助学生审视和反思自我，明白自己想要学习什么和获得什么；帮助学生寻找、搜集和利用学习资源；帮助学生设计恰当的学习活动；帮助学生发现他们所学东西的个人意义；帮助学生营造和维持学习过程中积极的心理氛围；帮助学生对学习过程和结果进行评价，并促进评价的内在化，发展学生的潜能。很显然，教师要积极打造民主课堂。

民主课堂应该由师生共建，它的一个重要标志就是让学生多发言。一个

①周远兴.初中语文教学与高效课堂策略［M］.成都：四川大学出版社，2015.

班几十位同学，对一个问题的想法见解不尽相同，有些想法高明，有些见解虽然错误，但可能蕴含新知。因此，在课堂教学中，教师不应抑制学生发言，相反，应鼓励学生多发表自己的见解。当然，学生发言主要是单个学生说，而不是一哄而起，更不是漫无边际地乱说。教师要引导学生围绕一定主题多观察、多思考、多发言、多练习、多讨论，培养学生的问题意识，不断增强学生提问题的创新意识，帮助学生充分而正确地行使民主权利。学生在课堂上各抒己见，心情愉快，可活跃课堂气氛，促进思维发展，进而使问题得到完满的解答。长此以往，学生就会成为学习真正的主人。①

民主课堂实现的关键在于教师角色的转变。教师应尊重学生的人格，关注个体差异，满足不同学生的学习需要，创设能引导学生主动参与的教育环境，激发学生的学习积极性，培养学生掌握和运用知识的态度和能力，使每个学生都能得到充分发展。

思想上，时刻充满对学生的关注和期待，满腔热情地参与教学；与学生平等交往，平等对话，建立一种平等的伙伴关系；要精力集中，充满热情，与学生共同感受学习的乐趣。

行为上，学会关注，学会期待，学会激发。教师要尊重学生的权利，包括尊重选择、尊重体验、尊重发现、尊重创造，甚至要尊重学生出错的权利。教师在课堂中要能够听得到学生的发言，看得到全体学生的变化发展，感受得到学生的内心情感变化。眼睛关注全体，耳朵主动倾听，思维积极活跃，准确判断学生的每一个信息并及时做出反应和引导。

语言上，做到“四性”：情感性——充满激情，充满爱，发自内心；启发性——能够引发学生思考；平等交流性——对话式；艺术性——体现美感、生命的灵动、生命的互动。对学生的评价激励要客观公正，发自内心，要保护每个学生的积极性，防止伤害学生自尊。

教学组织形式上，不能老是站在高高的讲台上，为完成教学任务而教，为完成板书而教；要多深入学生中间，与学生一起学，一起讨论，一起操作；学生的座位安排要有利于学生的交往；课堂教学时间分配要保证学生自主活动时间超过一半。

---

①李洪建.初中语文教学中传统文化教育的研究与实践［D］.曲阜：曲阜师范大学，2020.

教学手段上，鼓励采用网络、课件等现代媒体手段。但是针对当前中国国情，仍要大力提倡教师自身提高教学技术，充分发挥语言媒介的作用。

民主是社会进步的象征，教学民主是教育进步的标志。希望教师从先知先觉的神圣讲坛上走下来，融入学生，倾听学生的心声，平等参与学生的合作交流，指导并帮助学生经历知识探索的过程，推动学生多方面发展，与学生保持良好的民主师生关系。

第二章　语文教学的体系

第一节　语文教学设计

一、语文教学设计的概念

教学设计有广义和狭义之分。笔者所阐释的教学设计主要是狭义上的，即每一位教师在实施教学之前，必须做好教学设计。语文教学设计就是以一定的理论为基础，依据国家制定的语文课程标准，在充分研究学情的基础上，为了达成既定语文教学目标而系统规划解决教学问题的创造过程。简单地说，语文教学设计就是语文教师对语文教学活动的预先谋划，备课就是这种谋划的核心内容，教案就是这种谋划的书面表达。

综合以上观点，进行教学设计时需要注意以下几个方面的内容。

第一，进行语文教学设计时要有一定的理论作为基础，如学习理论、教育理论、系统理论、设计理论等，这些理论为语文教学设计指明了方向。此外，还需要掌握一定的文艺理论、汉语知识、文学史知识、文本解读理论、写作理论、口语交际理论等，这些理论知识能够帮助语文教师更好地解读教学文本、进行写作教学设计。同时要有渊博的知识以使教学设计精彩、有效。所以，语文教师也常常被称为“杂家”。

第二，语文教学设计是对教学过程的系统设计，在漫长的实践与理论探讨中形成了一定的步骤或模型，这些教学设计模型为语文教学设计提供了一些参考，所以了解、熟悉那些影响力比较大的教学模型、教学模式，能够帮助语文教师掌握一定的教学设计规律，据此反思自己的教学设计。

第三，语文教学设计不仅包括教学实施前的准备阶段，在日常教学活动中，还包括教学实施教学评价及教学反思。

二、语文教学设计的内容

美国教学设计研究者马杰认为，教学设计无非要解决三个问题，即我们要到哪里去、我们怎样到那里去及我们是否到了那里。①

语文教学设计首先要确定教学目标，即回答“我们要到哪里去”这个问题。目标是各种教学模型都包括的核心要素，因为任何教育都是有目的的，任何教学都是有目标的，教学目标是教学设计的核心要素，它决定着教学设计的基本走向。恰当的目标一定基于对教学内容和教学对象的准确分析。所以确定语文教学目标首先基于对语文课程标准的准确把握、对教材的充分理解及对学情的精准定位。

在此基础上制定教学方案，包括教学内容的选取、教学流程的设计、教学方法的选择等，就是在回答“我们怎样到那里去”这个问题。加涅认为，可以把教学看成有意识安排的、旨在支持内部学习过程的一个外部事件。教学事件的价值在于为内部学习过程提供最佳支持，以达到帮助学习者学习的目的。加涅构建了一个由九个教学事件组成的教学设计模型。②这九个教学事件依次是：①引起学生注意；②提示教学目标，在引起学生注意之后，向学生说明教学目标，使学生在心理上做好准备，明确学习的结果和方法，以免学生在学习中迷失方向；③唤起先前经验；④呈现教学内容；⑤提供学习指导；⑥展现学习行为；⑦适时给予反馈；⑧评定学习结果；⑨加强记忆与学习迁移。最后应包括对语文教学设计的实施及评价，并调整语文教学设计，这也是对“我们是否到了那里”这个问题的回答。

基于以上认识，我们可以将语文教学设计的内容进行如下提炼（表2–1）。

总而言之，教学设计首先要进行课标研读、教材分析、学情分析，在此基础上拟定教学目标（包括确定教学重难点）。其次要根据教学目标制定教学方案，包括确定教学内容、制定教学流程、设计教学环节（事件）、选择教学方法、设计教学板书、设计教学辅助手段等。最后是实施教学计划，根

---

①靳彤.中学语文教学设计［M］.北京：高等教育出版社，2016.

②加涅.教学设计原理［M］.皮连生等译.上海：华东师范大学出版社，1999.

据教学情况进行教学反思并调整修改教学设计，实现教学设计最优化。

表2-1　语文教学设计的内容提炼

内容	详情
背景分析	课标研读、教材分析、学情分析
确定目标	拟定教学目标（包括教学重难点）
制定方案	确定教学内容、制定教学流程、设计教学环节（事件）、选择教学方法、设计教学板书、设计教学辅助手段
实验教学计划	教学实施、教学反思、调整修改教学设计

三、语文教学设计的呈现方式

在全面深入研究教材的基础上，要依据课程标准、教材内容和学生的实际情况等综合因素，考虑施教策略，制定教学方案（具体包括确定教学内容、选择教学方法、设计教学板书等），这一切工作最后要形成一个文字方案，即教案。

一般来说，一份完整的教案一般具备以下构成要素。

①课题。对阅读课来说，课题就是所教课文的题目；对写作课、口语交际课或综合性学习来说，课题就是一个专题的题目。

②教学目标。确定教学目标就是为教学活动确定方向。因为方向必须正确、清楚，所以教学目标应正确、具体，并能够达成。

③教学重难点。阐释一节课的教学重点以及要突破的教学难点。

④教学方法。教学方法的选择既要符合学生学习的规律，也要根据一定的教学内容，课堂教学方法应该多样、有效。

⑤时间分配。要根据教学内容的长度和难度，就不同的教学内容安排不同的教学时间，以体现教学的计划性。时间的分配不只是整体时间的安排，还需要对课时内每一项具体的教学内容预设可能的教学时间。

⑥教学过程。这是教案的重点写作部分，包括从课堂导入到收束的各个环节。教学内容的展开和教学方法的使用便是教学过程。教学目标只有通过一定的教学过程才能实现，因此教学过程的安排要科学、合理。

⑦施教时间、地点、班级等。

教案的撰写有多种方式，此处介绍三种常见的方式。

（一）传统方式

传统教案撰写的主要元素有授课对象、教学目标、教学重难点、教学方法、课时安排、教学过程、板书设计和教学反思，这种教案的优点有二：第一，要素比较完备、全面、系统，基本涵盖了语文教学设计的要素；第二，过程设计相对灵活、自由度大，对教学过程没有具体要求，授课教师可以自由发挥。其不足之处表现在以下几点：第一，容易导致以教师为中心，以教学逻辑组织教学，未注重学生“学”的逻辑，总体上来看，这种模式在教学各要素中考虑更多的是教师如何教，在如何组织学生学习方面力度不够，学生的主体性地位没有凸显；第二，虽然教学过程看起来比较灵活，但是在行为惰性的影响下，教师在实际操作过程中容易形成导入、初读感知、精读课文、拓展延伸、收束课堂的模式化教学，这在某种程度上限制了教学的创造性；第三，语文新课程标准指出，语文是一门学习祖国语言文字运用的综合性、实践性课程，要想提升学生的语文能力，必须进行大量的语文实践活动，但是由于教学过程的虚化，从整个教案的设计要素来看，语文实践活动设计不足；第四，由于没有及时参照教学目标，一篇课文往往需要几个课时才能完成，教学过程很有可能脱离教学目标。

基于以上原因，如果采用这种传统方式撰写教案，其一，要注意扬长避短，比如，为了避免脱离教学目标，可采用分课时的方式撰写，即每课时一个教案，这样可以更好地审阅每一个教学目标是否有相应的教学内容予以支撑，是否有有效的实现途径；其二，教学重点和难点有时候是一致的，有时候是不一致的，要根据教学目标、教学内容和学生的实际情况准确把握；其三，教学过程设计要重视学生活动设计，并注意每个步骤之间的逻辑关系。

（二）基于学生“学”的方式

与传统教案相比，基于学生“学”的教案方式主要由教学环境、教学内容、学生活动、教师活动和设计意图构成，这种教案的特点主要体现为教学过程的细化：其一，教学过程区分了学生活动、教师活动，体现了以学生为中心的教学理念，提醒教师在教学设计时关注学生主体地位；其二，注重语文实践活动；其三，“设计意图”部分提醒教师在教学设计过程中时刻对标教学目标，关注教学环节、教学内容到底指向什么样的教学目标，目标意识凸显，能有效避免出现冗余的教学内容。

（三）“教学点”式方式

王荣生用“教学点”替代了“教学目标”这个概念，用“知识点”代替了“教学内容”这个概念，倡导使用基于“教学点”的备课模板。[①]这种教学设计呈现方式的优势有三个：一是教学目标通过教学点A、教学点B、教学点C等明确地呈现出来，思路清晰；二是教学内容的处理一目了然，对课文进行删繁就简后，操作起来更便捷；三是教学环节清晰。不足之处是这种教学设计的呈现方式可能更适合经验比较丰富的语文教师。虽然这种教学设计呈现方式简洁明了，教学环节看起来清晰，但是在实际操作过程中，该方式对导入语言、教学环节的过渡语言、提问语、收束语等教师的教学行为以及学生的预设行为等采取粗放式处理，所以教师的课堂行为随意性较大，对教师的课堂驾驭能力要求较高，对处在教学焦虑期的教师以及还未真正进入中小学课堂的师范生来说难度偏高。

第二节　语文教学目标

一、概念辨析及语文教学目标的功能

（一）教育目标、课程目标与语文教学目标概念辨析

教育目标一般可以划分为教育目标、课程目标和教学目标三个层级。教育目标是学校一切教育、教学活动的出发点和归宿，它指导和制约着学校的一切教育教学活动。课程目标是依据国家教育方针、学生心理发展规律，通过课程内容的学习，完成规定的教育教学任务而应达成的目标，主要由课程

①王荣生.课文教学设计的四个要点（下）［J］.语文建设，2020（19）：29—34.

专家研制，是对课程教学的总体要求，并不直接作用于学习者，还需要通过进一步具体化，结合具体的教学内容，转化为细致的教学目标，这样才能指引教师和学生的实践，从而达成课程教育乃至终极教育目标。

语文课程目标是从语文课程的角度出发，规定语文课程人才培养的个体规格和质量要求。语文课程目标带有规范色彩，表现在课程标准层面对语文课程教学所要达成的学生语文素养的内涵和标准。根据《义务教育语文课程标准（2022年版）》，语文课程目标在垂直层次上可划分为总目标、学段目标，在水平层次上可划分为识字与写字、阅读与鉴赏、表达与交流、梳理与探究等目标。语文课程目标的整体性描述是：语文课程围绕核心素养，体现课程性质，反映课程理念，确立课程目标。王荣生认为，从目标的表述方式来看，可以将目标分为内容目标、能力目标和活动目标。[①]《普通高中语文课程标准（2017年版2020年修订）》则提出了“语言建构与运用”“思维发展与提升”“审美鉴赏与创造”“文化传承与理解”的语文核心素养目标。随着人们对语文课程认识的加深，语文课程目标经历了由双基目标、三维目标向四要素核心素养目标的转变。

语文教学目标是语文教学的出发点和归宿，是教与学通过一系列的语文实践活动达到的目的，是检测、评定教学效果的参照。语文教学目标是语文课堂教学活动的预期结果。在整个语文教学设计过程中，确定教学目标是最关键的一环，它是制定教学任务、选择教学内容、运用教学方法和教学策略的重要依据。整体而言，语文课程目标是从语文学科整体宏观的视角定位的，概括且抽象。语文教学目标则是从一篇课文、一堂课的微观处着手，具化为一项又一项具有可操作性、可测评的语言实践活动。每一堂课、每一篇课文教学目标的落实促成了语文课程目标的达成。但是，某一门课程的教学目标并不是每一堂课的教学目标的相加，课堂教学目标与课程教学目标之间有一个相当大的模糊地带，有待整合、加工。[②]对于这三者的关系，崔允漷先生曾经列表示意（表2-2）。[③]

①王荣生.语文科课程论基础［M］.上海：上海教育出版社，2003.

②邹凌丽.关于语文目标教学的几点思考［J］.新教育，2015（22）：7—8.

③崔允漷.教学目标：不该被遗忘的教学起点［J］.人民教育，2004（Z2）：16—18.

表2-2　教育目的范围的层级关系

层级	陈述名称	制定者	特点	举例
一级（教育目的）	教育方针或培养目标	政府/国家	抽象、笼统，比较关注“应该如何”	在德育、智育、体育几方面得到全面发展
二级（课程标准）	九年义务教育的课程目标	学科专家	从“抽象”步过渡到“具体”	具有适应终身学习的基础知识、基本技能和方法
	九年义务教育语文课程目标			具有独立阅读的能力，注重情感体验，激发想象力和创造潜能，学会运用多种阅读方法
	一至二年级语文课程目标（阅读领域课程）			结合上下文和生活实际了解词句的意思，在阅读中积累词语
三级（教学目标）	学年（学期）目标或单元（主题）目标或课时目标	教师	比较具体，比较关注实际的状态	《沁园春·雪》的教学目标：感情充沛地吟诵，当堂背诵；体会诗人的壮志豪情

（二）语文教学目标的功能

语文教学目标的功能有很多，一般而言，主要有以下几种。

1.导向功能

教学目标是教学设计的出发点和归宿。只有确定好教学目标，教师才能围绕教学目标选择合适的教学内容，设计科学的教学环节和合理的教学活动。教学目标能够指引教师的教学方向，使教学活动不至于进入盲目的状态。在教学设计及教学实施过程中，教学目标能起到警示作用，提示授课教师调整教学内容和方法等，避免教学活动偏离教学目标。

2.激励功能

从学生的角度来说，适宜的教学目标具有激励和促进作用。合适的教学目标切合维果茨基的最近发展区理论，学生“跳一跳，摘得着”，努力后成功的喜悦会激励学生向前迈进，恰当的教学目标可以有效激发学生的学习行为，促进学生的发展。若学生无论怎么努力都无法实现，或者对学生来说完全没有任何难度的教学目标就难以起到激励和促进作用，因此教学目标的设定一定要符合学情。

3.评价功能

教学目标的评价功能可以从教师和学生两个方面来考虑。对教师而言，教学目标的评价作用体现在完成一个教学目标之后，教师可以根据学生的学习反馈情况，判断教学目标是否达成、是否需要完善教学策略，以使其更好地为教学服务。对学生而言，教学过程中明确的教学目标，不仅能在教学伊始对学生起到激励和刺激作用，而且能够让学生在学习的过程中进行自我评价，有利于学生的自我反思和自我评价，最终能促进学生语文素养的提升。

二、确定教学目标的依据

（一）依据语文课程标准

语文课程是国家课程，必须执行国家课程标准，因此，教师在设计教学目标之前，必须准确把握课程标准。

对语文课程性质的认识影响语文教学目标的确定。《义务教育语文课程标准（2022年版）》提出，“语文课程是一门学习国家通用语言文字运用的综合性、实践性课程”。《普通高中语文课程标准（2017年版2020年修订）》也指出，“语文课程是一门学习祖国语言文字运用的综合性、实践性课程”。这两句话有几个关键之处：其一，“学习祖国语言文字运用”说明语文课程不是为了培养语言学家，而是为了让学生学会使用祖国的语言文字，会用祖国的语言文字进行听、说、读、写等活动，以满足日常生活的各种需要；其二，语文课程是一门综合性的课程，它的内容是综合性的，包括阅读、写作、口语交际、综合性学习等领域，阅读的材料包括古今中外的各种文体，它的形式也是综合性的，语文学习过程中需要开展听、说、读、写各种语文活动；其三，两个课程标准都突出了语文课程“实践性”的特点，强调了语文课程所培养的听、说、读、写等各项能力只有通过实践才能得到提高，因此，必须把课堂还给学生，因为学生的听、说、读、写等各种能力绝不是仅通过教师的讲授便可以获得的。语文教学目标应是多维的，不仅要关注“工具性”的一面，还要考虑其能否丰富语言积累、提高思维品质、培养良好习惯、获得情感熏陶以及满足学生日后工作、生活的需要。

对语文课程目标的认识影响语文教学目标的确定。《义务教育语文课程标准（2022年版）》的课程目标分为核心素养内涵、总目标及学段要求三部分，这要求教师不仅要掌握整个义务教育的总体目标，而且要对四个学段目标有清醒的认识，要明确目标纵向的发展关系以及横向各个领域的融通关系。以阅读教学目标“理解词句意思”为例，第一学段的目标为“结合上下文和生活实际了解课文中词句的意思，在阅读中积累词语……借助读物中的图画阅读”；第二学段的目标为“能联系上下文，理解词句的意思，体会课文中关键词句表达情意的作用。能借助字词、词典和生活积累，理解生词的意义”；第三学段的目标为“能联系上下文和自己的积累，推想课文中有关词句的意思，辨别词语的感情色彩，体会其表达效果”；第四学段的目标为“在通读课文的基础上，厘清思路，理解、分析主要内容，体会和推敲重要词句在语言环境中的意义和作用”。随着学段的增加，对“理解词句意思”这一语文能力的要求也逐步提高。从横向上看，阅读与鉴赏学习目标和识字与写字、表达与交流、梳理与探究等学习目标也时有交叉。所以教师在确定教学目标时，要有全局意识。《普通高中语文课程标准（2017年版2020年修订）》在阐释课程目标时指出：学生通过阅读与鉴赏、表达与交流、梳理与探究等语文学习活动，在语言建构与运用、思维发展与提升、审美鉴赏与创造、文化传承与理解几个方面都获得进一步的发展；坚定文化自信，自觉弘扬社会主义核心价值观，树立积极向上的人生理想，为全面发展和终身发展奠定基础。这突出了课程目标的达成需要通过各种语文活动，同时强调了在设计教学目标时需要考虑语言、思维、审美、文化等方面的要素。

（二）依据教材

统编语文教材对教学目标有比较清晰的呈现，教师在进行教学设计时，可充分利用教材，钻研教材的单元导语、课前预习、课后练习，理解编辑意图。对于中小学语文教材，还可充分考虑语文园地的交流平台等信息，为制定教学目标做充分准备。

1.单元目标

统编语文教材对课程目标有较好的回应，教师在确定教学目标时可以将单元目标作为一个重要依据。中小学语文教材的单元导语大多由两段文字组成，一段对单元的人文主题进行阐释，另一段对单元的语文要素进行说明。

以《济南的冬天》一课为例，该课文位于统编语文教材七年级上册第一单元，单元导语是“日月经天，江河行地，春风夏雨，秋霜冬雪，大自然生生不息，四时景物美不胜收。本单元课文用优美的语言，描绘了多姿多彩的四季美景，抒发了亲近自然、热爱生活的情怀。学习本单元，要重视朗读课文，想象文中描绘的情景，领略景物之美；把握好重音和停连，感受汉语声韵之美。还要注意揣摩和品味语言，体会比喻和拟人等修辞手法的表达效果”，这一单元的人文主题是四季美景，语文要素主要包括朗读训练、品味语言及学习修辞手法，教师在设计教学目标时要重点考虑这几个方面。

2.课文目标

统编语文教材的课文预习、练习等内容对设计教学目标也有很大帮助。

以《济南的冬天》一课为例，其预习提示如下。在你的印象中，冬天是怎样的，有哪些代表性的景物？朗读课文，看看作者笔下的济南的冬天与你印象中的冬天有什么不同。课文中的许多景物描写细腻、生动，能唤起你对事物的细微感觉。阅读的时候，注意体会。

课后的思考探究部分如下。一、作者所写的济南的冬天有着怎样的特点？他是通过哪些景物呈现这一特点的？尝试用自己的语言，向你的同学描述这些景物。二、冬天的济南在作者的眼中是个“理想的境界”，他为什么会有这样的感受？跟同学做一点儿探究。

积累拓展部分如下。一是品味下列语句，体会句中拟人手法的表达效果；二是标出第3段的重音和停连并进行朗读训练；三是借鉴课文的某些写法，以家乡的冬天的景色为主题写一个片段。

编辑意图非常明确，课前的预习和课后的作业清晰地指向了单元教学目标，指向了朗读训练、品味语言、学习修辞手法这些语文要素，也指向了感受四季之美的人文主题。

最后要考虑课文本身的独特性。《济南的冬天》是一篇写景抒情的散文，展现的是老舍眼中济南冬天的温情之美，教师需带领学生感受这种美；文本运用了拟人、比喻等修辞手法，以拟人最突出；课文语句精妙，是合适的朗读素材，可以用来训练学生的朗读能力。

经过以上至少三个层面的分析（可以按照从课文到单元目标到课程目标的逻辑，也可以反其道而行之），《济南的冬天》教学目标基本可以确定如下。

第一，掌握重音和停连的要领，在朗读中感受济南冬天之美。

第二，理解“温晴”是济南冬天的特点。

第三，学习比喻、拟人的修辞手法。

（三）依据学情

美国认知教育心理学家奥苏伯尔在其名著《教育心理学——认知观点》中写道：“所有的课堂学习都可以按两个独立维度——意义和机械的维度、接受和发现的维度来划分……实际上，接受和发现都可能是有意义的，其条件是：学生具有有意义的学习心向（即把新的学习材料在意义上同他原有的知识结构联系起来的一种倾向），以及学习材料本身是有潜在意义的（这种学习任务本身由似乎合理的或者可以感知的材料组成的，以及能够同特定的学生的认知结构建立非人为的和实质性的联系）。[①]学情分析确保教学目标定位在学生的最近发展区。按照最近发展区理论，教学实际上就是引导和推动学生由可能发展水平向现实发展水平转变的过程。通过学情分析，教师可以准确把握学生的现实发展水平，有效预测其可能发展水平，从而精准地将教学目标定位在学生的最近发展区。所以学情分析的目的是以学定教，学情分析的内容是影响学生在学习过程中有效学习的因素分析，学情分析侧重于方法论和实践的层面，为教学设计和教学实践提供行动的基础和策略指南。[②]

学情分析的方法有很多，比如经验分析法、观察法、资料分析法、问卷调查法、访谈法等。[③]写作教学中的学情分析方法可以采用问卷调查、分析学生作文和访谈诊断。[④]有研究者把学情分析的方法分为两类：经验判断和实证

---

①奥苏伯尔，等.教育心理学：认知观点［M］.佘星南，宋钧译.北京：人民教育出版社，1994.

②邵燕楠，黄燕宁.学情分析：教学研究的重要生长点［J］.中国教育学刊，2013（2）：60—63.

③马文杰，鲍建生.“学情分析”：功能、内容和方法［J］.教育科学研究，2013（9）：52—57.

④邓彤.写作教学：起点在哪里？［J］.语文学习，2014（3）：61—64.

分析。前者主要基于日常的教学经验对学情进行判断，带有主观性；后者则是通过书面资料分析、访谈、测试等方法，收集学情证据，强调学情分析的客观性。[①]

对学情分析的具体内容来说，从不同的视角出发，可以区分不同的内容，比如，学情分析可以从两个角度出发：一是对学生群体的共性分析；二是对班级个性和学生个体差异的分析。[②]具体而言，姜小军认为，学情分析的基本内容有二：其一，了解所任教学生的基础，包括学生的学习态度、学习兴趣，多数学生的学习习惯及学习方法，必修课程相关知识技能的掌握程度；其二，根据教学的重难点，分析学生学习过程可能遇到的困难及其原因，以及如何针对这些困难加强对学生学习的指导。[③]陈宇卿等认为，学情分析的内容一般包括学生的年龄特点、学生的已知、学生的未知、学生的能知、学生的想知、学生怎么知六个方面。[④]

师范生所做的学情分析大多涉及对群体共性的分析，如学生年龄特点分析、学生已有知识结构分析、学生学习习惯分析、学生学习能力分析、学生学习风格分析。针对学生的个体差异以及不同教学文本所做的学情分析不太充分。分析学生可以从多个方面具体展开，如分析学生的整体情况，判断学生在某项学习内容上的基础，分析学生的相关知识。学情的内涵是复杂的，对一节课或一篇课文的设计，教师不可能对所有情况都予以重点考虑，只能以多数学生的平时表现为基准设计教学，兼顾班级里各种学习基础的学生及有特殊背景、特殊才能的学生，对教学内容的信息量、难度等方面也需要加以控制。教师还需要预先准备高、中、低三种层次的教学目标，尽量面向全体学生，以应对可能出现的对学情判断的失误。

总体来看，师范生在进行学情分析时，很容易犯“想当然”的错误，比如，以下是一位师范生针对《林黛玉进贾府》一文所进行的学情分析。

---

①刘秀凤.构建基于学情分析的儿童课堂［J］.江苏教育研究，2013（16）：64—67.

②韦玲珍.语文教学如何进行学情分析［J］.语文建设，2010（Z1）：51—53.

③姜小军.高校教师说课技巧刍议［J］.教育与职业，2012（3）：176—177.

④陈宇卿，徐承博，戈一萍.为了学习者的学而教：小学学科学习设计的实践研究［M］.上海：上海人民出版社，2010.

学生对《红楼梦》虽然并不陌生，但能全书阅读的寥寥无几，具体情节知之不多，有部分学生对于半文言语言的阅读兴趣不高，对烦琐的场景描写及复杂的人物关系难以厘清，所以调动学生学习的积极性尤为重要，并且不宜面面俱到，宜抓住重点进行分析。

实际上，这种学情分析是凭空想出来的，是为了做学情分析而进行的学情分析，对教学设计指导意义不大，在后面的教学实施中也没有关联学情分析。这样的学情分析粗疏以致流于形式：其一，对于到底有多少学生读过《红楼梦》，读到什么程度，没有进行调查；其二，课文所选《林黛玉进贾府》并没有太复杂的人物关系，学生是否能够厘清，也需要进行调研；其三，“不宜面面俱到，宜抓住重点进行分析”也是属于废话。为什么要进行学情分析？是为了更精准地确定教学目标，因此学情分析绝对不能只停留在笼统的概括层面，学情分析越清晰、具体、准确，就越能更好地服务于教学目标的设计。

三、语文教学目标的表述

（一）教学目标主要理论

20世纪80年代，美国教育心理学家布卢姆等在《教育目标分类：第一分册认知领域》中，将学习结果（即教育目标）分为认知、情感和动作技能三个领域，同时将认知领域的学习划分为知识、领会、运用、分析、综合、评价六个层级。认知目标理论有助于教师在设计教学目标时考虑目标的不同层级，所提问题可以从简单逐渐发展到复杂。

美国教育心理学家加涅将学生的学习结果分为五种类型，即言语信息、智慧技能、认知策略、动作技能和态度。言语信息主要指能用言语表达的知识，包括符号记忆、事实性知识和有组织的整体知识。智慧技能主要指运用概念和规则对外办事的能力，其中又有五个小类，即辨别、具体概念、定义性概念、规则和高级规则。认知策略主要指运用有关人们如何学习、记忆、思维的规则支配人的学习记忆或认知行为，并提高其学习、记忆或认知效率的能力。动作技能主要指通过练习获得的、按一定规则协调自身肌肉运动的能力。态度指个体习得的决定人的行为选择的内在倾向。这五种类型对教师设计语文教学目标也有很大的启发，语文教学目标中的语文知识就属于言语信息目标，而很多语文能力属于智慧技能，语文学习中的写字能力、朗读能力等又基本和动作技能相对应。了解加涅的这一思想有助于在设计教学目标时，对照教学目标检查是否兼顾了语文学科核心素养的多个方面。

盛行于20世纪的美国心理学家马杰的行为目标理论认为，行为目标应该具有可观察的行为、行为发生的条件和可接受的行为标准三个要素，他将课程目标陈述为可观察、可测量的外在行为，指明了课程实施后受教育者应当实现的行为变化以及变化所应达到的水平，具有具体性和可操作性，在一定程度上解决了教学目标陈述含糊的问题。实践证明，精确的目标有利于促进学生学习成绩的提高，不过在进行教学目标设计时，要注意避免设计目标过于琐碎。

（二）语文教学目标陈述的基本要素

有些教师从三个维度来陈述教学目标，这种做法是值得商榷的。其一，三个维度是从课程层面提出来的，不能将课程目标与教学目标混为一谈。其二，课程标准强调知识与能力、过程与方法、情感态度与价值观是相互渗透、融为一体的，所以在撰写教学目标时按照三个维度分列，很容易造成目标之间的重合交叉。

怎样进行教学目标陈述？好的教学目标必须符合以下这些要求：第一，目标指向是学生学习之后的预期结果，因此行为主体必须是学生，而不是教师；第二，目标的陈述主要是为了方便后续的评价行为，因此行为动词要尽可能清晰、可把握，不能含糊其辞，否则无法指明教学的正确方向；第三，有时单靠行为动词无法将目标清晰地表达出来，因此需要一些附加的限制条件，如对学习情境、工具、时间、空间的规定；第四，目标指向全体学生而不是个体学生，同时也是为了便于评价，因此目标的表现程度总是最低要求，而不是最高要求，它只是说明目标所指向的这一群学生应该达到的最低标准，它不代表所有学生真正获得的真实的教育结果，前者只是后者的一部分。

教学目标一般包括行为主体（audience）、行为动词（behavior）、行为条件（condition）和表现程度（degree）。在阐释教学目标时要注意以下几点。第一，行为主体应是学生，而不是教师。第二，行为动词尽可能是可测量、可评价、可理解的。第三，行为目标的陈述有两类，即结果性目标、体验性或表现性目标。结果性目标明确告诉人们学生的学习结果是什么，所采用的行为动词要求明确、可测量、可评价，如知识与技能领域多是结果性目标。体验性或表现性目标描述学生自己的心理感受和体验、明确安排学生表现的机会，所采用的行为动词往往是体验性的、过程性的，这种方式指向无须结果化的或难以结果化的目标，主要应用于过程与方法、情感态度与价值观。第四，必要时附上产生目标指向的结果行为条件。第五，要有具体的表现程度。

《义务教育语文课程标准（2022年版）》强调，教师应充分认识语文课程工具性与人文性是统一的，从培养核心素养出发，把握文化自信、语言运用、思维能力、审美创造四个方面整体交融的特点，设定教学目标时既有所侧重，又融为一体；注意在识字与写字、阅读与鉴赏、表达与交流、梳理与探究的语文活动中，整体提高学生的核心素养；注意教学目标之间的关联，避免将核心素养四个方面简单罗列。

第三节　语文教学过程

一、语文教学过程概述

对于何为教学过程，已有很多相关论述。李秉德认为，教学过程是学生在教师的指导下，对人类已有知识经验的认识活动和改造主观世界、形成和谐发展个性的实践活动的统一过程。[①]王策三认为，教学过程确实是一种特殊的认识过程，其任务、内容和整个活动，都是认识世界或对世界的反映，它的特点在于是对学生个性的认识，主要是间接性的、有领导的、有教育性的。[②]吴也显认为，教学过程是在相互联系的教和学的形式中进行的，以传授和学习文化知识为基础、以培养和发展学生的能力和健全的个性为目的、由

①李秉德.教学论［M］.北京：人民教育出版社，1991.

②王策三.教学论稿［M］.北京：人民教育出版社，2005.

学校精心组织起来的社会认识、实践的过程。[①]靳彤认为，教学过程是教师根据一定社会的要求和学生身心发展特点，指导学生有目的、有计划地掌握系统的基础知识和基本技能，形成基本的情意、态度，获得身心发展的过程，这既是教师"教"的活动展开的过程，也是学生"学"的活动推进和变化的过程，是教师"教"和学生"学"融合统一的过程。[②]简单地说，语文教学过程就是语文教学活动从开始到结束的全部过程，教学过程可以划分成几个相对独立又紧密联系的核心环节，是教学活动纵向推动的流动程序。

一般来说，语文阅读教学有一个基本的模式：导入课堂—整体感知—精读研讨—拓展延伸—总结收束。阅读教学基本遵循这样一个内在规律。在语文教学实践中，形成了一些比较著名的教学模式，举例如下。

一是黎锦熙的三段六步模式。自动主义阅读教学程序的主要特征是自动主义指导下的三段六步。"三段"即理解、练习和发展，其中每个阶段又分为两步，共"六步"，即预习、整理、比较、应用、创作、活用。有学者认为，自动主义阅读教学，以学生的自动学习为中心，形成了"促—测—导—用"循环往复的教学过程。它深刻揭示了阅读教学的本质过程，并为阅读教学提供了科学、简明、易于操作的程序。[③]黎锦熙的三段六步模式对当下的阅读教学依然具有启发意义。

二是叶圣陶的三阶段模式。叶圣陶注重培养学生的自学能力，认为最优的教学过程是指"教是为了不教"，主张将语文教学过程划分为"预习—课内报告与讨论—练习"三阶段。[④]

三是朱自清的四步模式。朱自清在1925年提出了"预习报告结果—分述文意—研究情思与文笔—口问或笔试"的语文教学过程。这是一个极具语文味的教学过程，既给予学生充分的训练，又始终穿插教师示范性的启发讲解，形成了师生共同研究、玩味语言文字的氛围，从而使学生对课文语言文

①吴也显.教学论新编［M］.北京：教育科学出版社，1991.

②靳彤.中学语文教学设计［M］.北京：高等教育出版社，2016.

③尹逊才.黎锦熙自动主义阅读教学程序的当下价值［J］.语文建设，2013（2）：59—62.

④董菊初.叶圣陶语文教育思想概论［M］.北京：开明出版社，1998.

字有一个透彻的了解和切实的欣赏。[①]

四是钱梦龙的三主四式。“三主”是教师为主导、学生为主体、训练为主线，“四式”包括自读式、教读式、作业式、复读式，是贯穿学生阅读过程的科学的、合乎规律的有机环节，反映了语文教学过程的普遍规律。[②]

五是宁鸿彬的五步模式。这是宁鸿彬的基本教学模式，他将阅读教学概括为“熟读—质疑—解疑—总结—运用”。[③]

六是魏书生的六步模式。“六步”主要包括定向、自学、讨论、答题、自测、自结。六步教学模式注重培养学生的自学能力，更多地是从如何让学生学好、如何让学生会学、怎样让学生学会的角度出发，依据学生学习的规律构建教学模式。[④]

当然，语文教学模式还有很多，这些教学模式为语文教师设计教学提供了很多思路。但是阅读教学的展开从来没有一个固定不变的模式，总是随教学目的、内容、情境、学习对象等因素的变化而变化。千篇一律的教学过程很容易打击学生阅读的积极性，因此教师应该在教学设计和实施中灵活运用，切不可墨守成规。

二、语文教学过程的设计策略

前苏联教育家巴班斯基提出教学过程优化理论，认为最优的教学过程是指对现有条件来说，对学生和教师在当时的实际可能性来说，以及从一定的准则来看是最好的。最优化的准则总是同一定的教学效果相联系。[⑤]语文教学过程的设计往往是花费授课教师时间最长的。教师是教学过程的主要驱动力，语文教学过程的环节设置与课文的解读有密切的联系，每个环节都是师生基于课文的互动。

---

①朱自清.朱自清论语文教育［M］.开封：河南教育出版社，1985.

② 窦爱君.钱梦龙与语文导读法［M］.北京：国际文化出版公司，2003.

③宁鸿彬.宁鸿彬中学语文教学改革探索［M］.济南：山东教育出版社，1997.

④魏书生.魏书生谈语文教学［M］.南京：河海大学出版社，2005.

⑤巴班斯基.教学教育过程最优化［M］.吴文侃译.北京：教育科学出版社，2001.

（一）导入

一堂课的开头部分被称为导入。导入是教学过程的起始阶段，就是通过某些教学行为，吸引学生的注意力，激发学生的学习兴趣，或让学生明确学什么，为什么要学，或建立新旧学习内容之间的内在联系，引导学生转入新课学习。

美国心理学家奥苏贝尔提出了有意义言语学习理论，这一理论为导入方法设计提供了心理学依据。有意义学习有三个必要条件：第一，学习者必须对学习任务采取一种有意义学习的心向；第二，要学习的材料必须是潜在有意义的，即学习任务和学习材料应该是互相关联的、有组织的；第三，学习者对所学内容有一定的了解，并能够把已知的知识和要学习的新知识联系起来。课堂教学的导入，就是设法引导学生形成有意义学习的心向，通过学习新知识的背景材料，搭建一条把学生的已知信息和将要呈现的信息连接在一起的桥梁，形成有意义学习的条件。

学习兴趣是学生对学习对象一种力求认识或趋近的倾向。这种倾向是和一定的情感联系在一起的，是形成学习动机的重要因素。“知之者不如好之者，好之者不如乐之者。”因此，教师要在课堂的开始阶段，针对学生年龄特点和心理特点，精心设计教学导入环节。例如，使用生动而新颖的相关学习材料，把教学内容和学生的生活联系起来，激发学生兴趣和好奇心，使他们从原来的“要我学”转变为“我要学”。

注意力是学习的必要条件，分心则是学习的大敌，因此，在教学的初始阶段，不少教师在导语设计上再三斟酌，以便通过某些教学行为来消除其他课程的延续思维或课外活动形成的心理杂念的干扰，把学生的注意力迅速集中到该课的学习内容上，使学生饶有兴味地投入新的学习。

基于以上论述，导入可以采用如下几种方式。

1.开门见山，明确目标

从现代教育理论来看，教师在上课开始阶段让学生明确学习目标，有利于调动学生学习的主动性。例如，加涅就主张告知学生学习目标，这样做有利于学生为学习做好准备。开门见山，明确目标，能够让学生高效地进入课堂教学。特级教师余映潮的课堂导入多用开门见山的方法，如其执教的《假如生活欺骗了你》即在导入环节直接呈现教学目标，先是说明学习这篇课文的整体学习目标，然后分别说明三个具体目标，学习目标集中、突出，教师的陈述语言简明扼要。①

2.复习旧知识

复习旧知识即温故知新法，目的是建立新旧知识之间的联系，这也是日常教学常用的导入方法。如执教苏轼的《水调歌头》，有教师这样导入："走进古诗词世界，我们惊讶地发现，这里处处有月亮的影子。从小学到现在，我们学过许多有关月亮的诗歌，现在请大家回忆一下有哪些有关月亮的诗句。"学生分别说出"举头望明月，低头思故乡""海上生明月，天涯共此时""春风又绿江南岸，明月何时照我还"等诗句。这位教师在教学的起始阶段引导学生回忆以前学过的有关描写月亮的诗词，目的是帮助学生建构有关月亮的文化内涵，让学生在更广阔的时空背景下研读该诗词，其起点高远。

3.介绍背景知识

所谓背景知识，是指与课文内容相关的背景材料，如作者生平、时代背景、写作背景等。阅读心理学研究表明，阅读理解是背景信息和课文信息交互的结果，背景信息、课文信息是决定阅读理解质量的重要因素。由于学生知识经验和生活经验欠缺，在授课时有时候需要教师补充一些背景知识供学生参考，为学生后续学习作铺垫。如讲《赤壁赋》，就不能不讲乌台诗案，教师可能需要补充一些乌台诗案的背景知识；从文体的角度来看，学生可能对"赋"知之甚少，所以也可以介绍有关"赋"的文体知识。

不过背景知识介绍切忌"胡子眉毛一把抓"，没有甄别将与选文有关的所有背景材料全部在导入阶段介绍给学生，这样不仅不能为后续学习作铺垫，还而会混淆视听。如有教师讲《老王》一课，不仅介绍杨绛的生平经历，还介绍了钱锺书及其女儿的生活经历，这些信息与理解课文并无多大联系，引入这些信息会分散学生学习课的注意力，耗时耗力且效果不好。所以介绍背景知识也需要考虑是否有助于学生对这节课的学习，不可生搬硬套，需灵活处理。

① 张黎黎.余映潮《假如生活欺骗了你》课例述评及反思［J］.语文教学与研究，2019（10）：94—95.

4.创设情境

利用形象的画面、逼真的场景等方式创设与教学内容相适应的情境，可以感染学生，激发其好奇心、兴趣和求知欲。如：《胡同文化》一课的导入，教师可以播放北京胡同的小视频，让学生感受北京胡同的特点；《安塞腰鼓》的导入，可以播放腰鼓表演的视频；《白杨礼赞》的导入，可以播放歌曲《小白杨》，加强直观效果，引起学生的学习兴趣。

除此之外，教师还可以采用谜语和诗词导入、故事导入、设疑导入等方法，在导入过程中，也可以灵活地将几种导入方式相结合，以获得最优化的导入效果。总体来看，导入须有针对性，让学生明确将要学什么、怎么学、为什么学，不能含糊其辞，任意发挥；要有启发性、趣味性，最大限度地吸引学生的兴趣；要有关联性，导入一定要为教学目标和教学内容服务。

（二）收束

课堂收束是课堂教学的最后一个环节，是教师和学生一起通过归纳、总结、转化、创新、实践等方式结束教学任务的一种教学活动。语文课堂教学不仅要有一个生动的、让人印象深刻的开头，还要有一个让人感到余音环绕、不绝于耳的精彩收尾。语文教师上课，犹如写文章，凤头、熊腰、豹尾均是不可少的。

课堂收束与课堂导入具有诸多相似之处，换言之，凡前面提到的导入方法，都可以用于收束。

1.总结式

这是常用的一种收束方法。教师用准确精练的语言，对教学内容的重点和难点提纲挈领地进行归纳和总结，使学生明白知识线索，巩固知识内容，加深理解，强化记忆，牢固地掌握所学知识。这样的收束有利于学生形成知识系统，可加深学生的印象，能起到强化和深化的作用。比如，学习完《大自然的语言》，教师和学生一起总结：这篇课文语言生动，体现了科普说明文的特点；说明条理性强；运用了列数字、打比方、作比较等各种说明方法。学习完《祖国啊，我亲爱的祖国》，教师和学生一起总结，通过这节课的学习，梳理读诗的基本方法：第一，诗歌意象有深意；第二，反复诵读品情感；第三，关键语句要细读；第四，联系背景悟真谛；第五，活学活用读诗歌。[①]这样的结语能够加深学生的印象，起到强化和深化的作用。

2.呼应式

写文章讲究起承转合、首尾呼应，以显示构思之精妙。一堂好的语文课也可以首尾呼应，使整堂课浑然一体。课堂收束部分可与课堂导入时设置的问题、悬念、困难、假设等相呼应，是问题则解决问题，是悬念则释疑，是假设则证实。这种结尾方法具有点题性、呼应性、完整性、统一性等特点，能使学生豁然开朗，从而激起学生进一步学习的兴趣。王崧舟执教的《枫桥夜泊》《二泉映月》都采用了呼应的收束方式。[②]在《二泉映月》导入环节，王老师让学生朗读从课文中提取出来的8个词，明确了二泉映月是一道亮丽的风景；收束环节，让学生再读这8个词。课堂伊始，让学生读出美景；课堂收束，让学生读出深情，首尾呼应，回味无穷。在《枫桥夜泊》导入部分，王老师引导学生浏览与寒山寺钟声有关的诗歌，从歌曲《涛声依旧》中“流连的钟声，还在敲打我的无眠”一直推到张继的《枫桥夜泊》，引发学生对诗歌背景的联想和想象；收束部分则从张继的《枫桥夜泊》回推到歌曲《涛声依旧》，首尾呼应，再一次强化文化语境，让学生深切地感受到钟声这个意象的独特意蕴。

3.激励式

激励式收束即从教材德育因素与学生思想特征的结合入手，用富于激励性的语言，激发学生的感情和思维的结尾方法。如某教师执教《土地的誓言》便采用了激励式收束的方式：“这是一篇饱含深情的怀念故乡的散文，字里行间凝聚着对故乡无比深切的、炽痛的热爱，表达了作者收复故土、解放家乡的坚定决心。我们不禁被作者的爱国深情感染。故乡是我们的根，是放飞游子的线，无论我们身处何处，我们的心永远属于故乡。同学们，在前辈们为保卫家乡而勇于牺牲自我的精神激励下，让我们为建设美好家乡而奉献自己的青春和智慧吧！”这种充满激情的收束方式能引起学生的情感共鸣，激发他们的斗志与豪情，有利于培养学生真善美的高尚情操。

---

①何艳萍.《祖国啊，我亲爱的祖国》教学设计［J］.传奇故事，2023（13）：81—82.

②金国娟.例谈王崧舟的教学艺术［J］.文学教育，2017（12）：75.

4.拓展式

拓展式收束是根据讲课内容引导学生由课内向课外拓展的一种收束方式，能丰富学生的语文经验，开阔学生的视野。如在学习完《祖国啊，我亲爱的祖国》这首诗后，教师做小结：《祖国啊，我亲爱的祖国》洋溢着深沉而真挚对祖国的热爱，表达的是热爱祖国这个话题；从《诗经》发轫，《楚辞》登程，中国历史上涌现出一大批锦绣满腹、才华横溢的爱国诗人，他们在诗中抒发的爱国之情是诗魂，构成了中国诗歌史上一道靓丽的风景。然后教师要求学生课外自读戴望舒的《我用残损的手掌》、郭沫若的《炉中煤》、艾青的《我爱这土地》、闻一多的《祈祷》《发现》《一句话》，实现了课内向课外的延伸。

除此之外，收束还有很多方法，如在练习中收束、通过对比来收束、在讨论中收束等，语文课堂收束的技巧是丰富多样的。收束与导入一样，也可以综合起来灵活运用。总体来看，收束语言要精练，紧扣重点；要干净利落，或引发深度思考，或激发壮志豪情，或令人回味无穷。

（三）教学环节的设计

语文教学过程中，最关键、难度最大的便是教学环节的设计。一般来说，教学过程由一个个教学环节组成。为了便于阐释，可将教学过程分为外部展开和内部展开两个方面。所谓的外部展开，就是教学过程各个环节之间的衔接，换句话说，其探讨的主要内容是环节与环节之间的关系。所谓的内部展开，就是每个环节内部师生与教学内容之间的互动，换句话说，它探讨的是在大的教学过程框架之下，每个环节内部诸要素之间的关系。

1.关注教学环节的外部展开

安排教学环节可以遵循三个逻辑：一是课文的逻辑，一般来说，教学点出现在课文前边的，要安排在前；二是阅读的逻辑，阅读理解是非线性的，有时候只有读懂了后面的文字才能理解前面的内容，那么教学点的安排就要相应地发生变化；三是学习的逻辑，学生容易学会的安排在前，学习有较大困难的，安排在后。在进行教学环节设计的时候，要注意环节与环节之间的关系。就学生对语文教学内容的掌握来说，其本身就有一个感知、理解、鉴赏、迁移、创造的纵向能力层级结构，所以语文阅读课堂往往以这样的能力层级形成递进式展开的教学过程，教师在教学设计及实施中要努力做到环环相扣。

例如，廖瑾执教的《品读儒者之志——〈子路、曾皙、冉有、公西华侍坐〉》通过“问志—明志（结合句意、分析内涵、概括志向）—品志（争鸣品评、探索价值）—析志（结合语录、深度探究、宏观构建、把握思想）—启志”几个环节，引领学生在把握孔子4位弟子志向的内涵、品读4位弟子志向的价值、探究孔子“哂由”“与点”的原因的过程中，深入把握孔子及其弟子的志向追求，体悟孔子修身治国的理念、安贫乐道的境界和洒脱自在的情怀。[①]该教学设计脉络清晰，逐层深入，教学环节逻辑关系非常清晰。

总体而言，把握教学环节的外部展开有两个要点：一是教学点的揭示，即本课要讲解的知识点及关键词要能够清晰生动地呈现出来；二是教学点的延伸，即沿着关键词，扩大或加深知识点的涉及和运用范围，牵连出相关知识点或相邻知识点，这是形成学习迁移能力的关键。语文特级教师余映潮的“板块式教学”将教学过程提炼成几个板块：所谓“板块式思路”，就是在一节课或一篇课文的教学中，从不同的角度有序地安排几次呈“块”状分布的教学内容或教学活动，即教学的内容、教学的过程都是呈板块状分布排列的。[②]语文教师可以多钻研名师课例，在平时的教学实践中按一定的逻辑关系将教学活动设计为几个板块，同时注意板块之间的衔接，有效地规避“流水账式”的教学过程，这对提高自己的教学能力大有裨益。

2.关注教学环节的过渡

教学环节的过渡，即在语文课堂教学的讲授过程中，不同的问题或教学环节之间的承上启下。它可能是一个词，也可能是一个句子，还可能是一个段落。语文课堂教学环节的过渡具有衔接性、定向性、诱导性等特点。

根据不同的标准，语文课堂教学过渡有不同的类型。从表达方式来看，

---

① 廖瑾.品读儒者之志：《子路、曾皙、冉有、公西华侍坐》教学设计［J］.中学语文教学参考，2021（25）：34—36.

②余映潮.论“板块式”阅读教学思路［J］.语文教学通讯·D刊（学术刊），2011（1）：26—28.

有抒情式、描述式、说明式、议论式等。抒情式过渡一般运用充满激情的语言激发学生进一步学习的兴趣；描述式过渡可以使学生产生一种如临其境、如闻其声、如见其人的感觉，使学生获得美感，耳濡目染；说明式过渡主要使用一些平实的说明性语言对上下文加以解释，突出它们在学习目标、学习内容、知识点等方面的异同与联系，以帮助学生理顺其逻辑顺序；议论式过渡对教学文本或教学过程加以分析证明，阐述某种道理，帮助学生晓事明理，使学生更易于把握文本及教学内容的实质。

根据教学环节的隐性或显性特征，语文课堂教学过渡的类型又可以分为教师显性驱动和教师隐性驱动两种。所谓教师显性驱动，就是教师以明显的指令推动学生从一个环节的学习活动进入另外一个环节的学习活动。比如余映潮的课例，指令非常明确，一般用简洁清晰的语言推动环节的转换，使学生明确每一个板块的学习目标，所以板块式教学一般都有明确的目标指向。比如余映潮执教的《假如生活欺骗了你》就是按照如下几个板块展开教学活动的。第一板块：阅读欣赏《假如生活欺骗了你》（欣赏普希金的诗歌）；第二板块：阅读欣赏《假如你欺骗了生活》（欣赏当代诗人宫玺的诗歌）；第三板块：阅读欣赏《假如生活重新开头》（自己作诗，欣赏邵燕祥的诗歌）。教学环节清晰有致。所谓教师隐性驱动，是指教师不向学生展示或提示教学目标，而是通过教学内容的逐步推进实现教学目标。比如特级教师王君的教学设计《老王》。第一部分：感受老王的“活命”状态；第二部分：感受杨绛的“活命”状态；第三部分：总结——活出生命的高贵。在每一个教学环节，教师均未明确告知学生这个环节的教学目标是什么，而是将学习目标隐藏在师生对话、学生活动中，教学环节转换无痕。①王崧舟执教的《二泉映月》也是采取教师隐性驱动的方式，其第一个环节是“发现一道风景”，第二个环节是“体验一段人生”。在完成第一个环节的教学任务之后，王老师提问：“这一道靓丽的风景，阿炳看得见吗？（看不见）那么，当时的阿炳是一副什么样子？”这样学生就很巧妙、自然地进入了第二个环

①孙忠娟.听王君老师讲《老王》［J］.语文教学与研究，2016（12）：60.

节的学习。[①]

教学环节之间必定要遵循一定的逻辑关系，环节与环节之间如果没有巧妙自然的转换语言，教学效果就会大打折扣。

3.教学环节的内部展开

在课堂阅读教学中，在每个教学环节内部，教师往往根据学生阅读的实际情况将焦点问题或核心问题转化成符合学生阅读认知发展规律的几个步骤，教学环节内部呈现“聚焦问题—学习活动（师生对话等）—得出结论”的基本规律，前一个问题得出结论之后再聚焦新的问题，如此往复，实现教学目标。

①孔维清.重要的内容说三遍：王崧舟老师《二泉映月》精彩片段赏析［J］.新教师，2017（7）：76—77.

第三章　语文教学艺术

第一节　语文教学艺术的内涵

一、语文教学艺术的特征

语文教学艺术与其他艺术形式有着密切的联系，但又不同于其他艺术形式，具有内在的规定性，即始终将教育作为自己的本质特点。语文教学艺术所运用的材料和工具是人及其知识品德与个性。贯穿整个教学艺术过程中最突出的因素是人，教学艺术所创造出来的艺术品乃是学生美的心灵。从这个意义上说，语文教学艺术就是培养人的艺术，其意在取得促进学生全面发展的最佳效能而做出的自觉追求与不懈努力。根据语文教学艺术的整体表现可知其具有以下四大特征。[①]

（一）形象性

形象性是语文教学艺术的一个重要特征。心理学研究表明，学习者对提供的教学形象迅速感知，能提高教学效率。国外研究资料证明：用语言介绍一种物品，人的识别时间为2.8秒；用线条图表介绍，识别时间为1.5秒；用黑白照片介绍，识别时间为1.2秒；用彩色照片介绍，识别时间为0.9秒；如果是展示实物，识别时间为0.4秒。

从以上对比中可以看出，具体的形象对人的感知具有神奇的作用。形象越鲜明、越具体、越活泼、越新颖，就越能缩短感知的时间，引起人们的联想，调动人们的想象，激发人们认知的兴趣，从而提高认知效率。

---

①钱加清.语文课程与教学论［M］.济南：山东人民出版社，2008.

形象的事物总是表现为一定的外在形式，总是由不同的声音、色彩、线条、形体等组合而成，这些外在的形式都可以直接作用于人们的感官。它们不仅能使人的感官产生相应的官能感受，它们的物质结构还可以和人们的心理结构产生某种对应关系，引起心理共鸣。西方有些心理学家将这种对应关系称为“异质同构”关系，即形象的事物的结构与人的心理结构虽然有本质的区别，即“异质”，但在结构形式上却有相通、相似、相应之处，即“同构”。例如，线条中向上的射线与人的积极向上、昂扬奋起的情绪相对应，而弯曲的波浪线、下垂的射线和人的心理中松散、起伏、疲惫、拖沓、无精打采的情绪相对应；黑色与悲哀相对应，红色与喜庆吉祥相对应，绿色与活泼相对应，等等。在“同构”的作用下，形象的事物能直接唤起人的感知，加速感知进程，丰富感性认知。

缘于此，语文教师教学需要依据不同的教学内容运用语言、表情、图像、音响等方式，选择不同的教学方法，采取不同的教学手段，塑造富有感染力的艺术形象，向学生传授知识，提升其智力，并对其进行人格教育，完成教学任务。

（二）情感性

语文教学过程不是单纯的传授知识的过程。在知识的传递过程中，也存在着人的感情交流。教师的传授与学生的接受都具有感情色彩，这种感情色彩赋予教学以明快、深沉的基调。教师在教学中的情感因素，不仅影响着学生的认知学习，还影响着学生的情感发展。

教师在教学中的情感表现，反映了主体对客观事物、教学内容和教学对象的态度。对客观事物，教师要分清真伪，立场坚定，爱憎分明，对真善美之事物给予支持，对假丑恶之行径给予痛斥；对教学内容，教师要透彻明白，寓理于情，将自己的理解、体验，通过学生可接受的方式传授给学生；对教学对象，教师要投入炽热的爱的情感，形成融洽的师生关系，从而激发学生的交往动机，使其产生“爱屋及乌”的情感。只有这样，才能确保教学任务的完成。

对教师来说，只有热爱学生、感情真挚，语文教学才能因教师的“爱”而具有活力和生命。美国心理学家罗森塔尔和雅可卜生在1968年做过一次震动教育界的试验：他们来到美国一所小学，在一至六年级各选3个班，对这18个班的学生“煞有介事”地作发展预测，并以赞赏的口吻将“有优异发展可能”的学生名单通知给有关教师，嘱其保密。8个月后，他们对18个班进行复试，发现名单中的学生大有进步，活泼、开朗、求知欲旺盛，学习成绩提高了，与教师的感情也特别深厚。原来教师扮演了皮格马利翁的角色。相传古代塞浦路斯岛上有位年轻的国王叫皮格马利翁，他精心雕刻一具象牙少女像，精诚所至，后来少女竟然活了，与他结为夫妻。试验班教师相信罗森塔尔的“权威性谎言”，热爱名单中的学生，真挚的感情滋润了这些学生的心灵，使他们自尊、自信、自爱、自强，所以这些学生进步了。这就是著名的“罗森塔尔效应”，或叫“皮格马利翁效应”。这个试验深刻说明教师对学生的爱、关怀和期待在教育效果上具有良好作用。从这个意义上说，语文教学的全部奥秘就在于爱学生。[①]

（三）审美性

语文教学要用“美”吸引学生，教师只要一登上讲台就作为一个审美和被欣赏的对象，呈现在学生这个审美主体面前。不管教师本人是否意识到、是否愿意，学生都会对其做出评价。这个评价里边就包含审美。因此，教学中的审美特点，主要由作为审美对象、具有审美价值的教师表现出来。

如果用外在和内在的方法考察，就会发现，教师的审美价值或教学的美同时体现在外在和内在两个方面。外在和内在的美是互相联系、密不可分的，教学艺术的美就是这种内在美和外在美的有机结合。

教师外在的美，主要表现在仪表的美、教态的美、语言的美、节奏的美和板书的美等方面。

教师内在的美主要表现在理性的美、意境的美、机智的美、风格的美和人格的美等方面。其中，理性的美主要表现在教师深刻地理解课程标准，吃透教学内容，掌握教学规律，贯彻教学原则，优化教学方法，加之创造性地表演而释放出来的美。这种美具有内在的吸引力，是不可忽视的。意境的美主要表现在教师创设美的意境，并能够进入美的“角色”，带领学生曲径探幽，深入美的境地，把握教材中的美，领略美的风光，从而得到美的享受，

①贺卫东.中学语文教学案例研究［M］.西安：陕西师范大学出版总社，2019.

接受人生的启迪。机智的美主要表现在教师对课堂教学中突然出现的难以预料的问题，冷静、稳重、迅速地做出反应，采取恰当的措施去处理。教师冷静、沉着、巧妙的化险为夷的方法都会迸发出一种智慧美的火花，这种火花会转化为一种灵魂的感染力渗入学生的心灵。风格的美主要表现在教师的风度、谈吐、举止等都有自己独特的风格：或凝重严谨，或轻松活泼，或以逻辑严密取胜，或以感情充沛见长。不同的风格，会给学生以不同的美感。人格的美主要表现在教师具有高尚的师德，对事业有执着的追求，对知识有严谨的学风，这些都将折射出人格美的光辉，给学生以强烈的美感。

当然，语文教学中的审美性仅仅是作为手段存在，它从属于教学效益，以教学效益为取舍标准，以提高语文课堂教学质量为最终目的。如果不是为了提高语文课堂教学质量而“美”，而是为“美”而“美”，那么这种“美”就成了花架子，反而会引起学生的反感。

（四）创造性

教学的生命力贵在创造，无创造便谈不上教学艺术。创造性是语文教学艺术最本质的特征，决定着教师教学艺术水平的高低，关系着教学的成败。

语文教学艺术具有创造性。学生存在个别差异，教师不可能用事先准备好的刻板如一的公式去解决课堂上出现的各种问题。无论是教学方案的设计、教学原则的运用、教学内容的处理、教学方法的选择，还是教学过程的组织、课堂偶发事件的处理以及教学语言、非言语行为的运用等都需要发挥创造性。创造性贯穿教学全过程，从起点到终点，而终点又是下一个起点。同一教材，由于教学对象的实际情况不同，教师可以设计出多种不同的有针对性的教学方案，呈现“百花齐放”的风格。

语文教学艺术的创造性更多地表现在表达教学内容所运用的方式方法上。课程标准、教材和教学计划所承载的知识，都是教师已有的、已知的，而要驾驭这些知识，把这些知识转化为学生的精神财富，从而取得高质量的教学效果，就需要教师妥善发挥创造性。所以，语文教学艺术的创造性一般表现在：如何准确、灵活地把握制约教学的种种主客观因素，包括具体的教学目标、教学对象的起点、身心发展规律及教学效果的价值准则等；如何能动地选择教学内容，确定教学的重点和难点，设计教学程序，对教材进行“再创造”；怎样设计教学问题情境，怎样运用启发式教学，怎样设计板书，怎样进行因材施教等；如何探索、完善适合自己特点的教学方法和教学风格、教学管理及教学机制等。教师总是将自己独特的认识、处理、评价等融入授课的方式方法，从而形成自己独特的教学风格。[①]

总之，语文教学艺术的复杂多样导致它所表现的特征多姿多彩，能从各方面反映语文教学艺术的本质，表现语文教学艺术的功能。但以上概括出的四大特征是密切联系的，它们都不是孤立地显现，而是有机地结合。

二、语文课堂教学的启发艺术

启发式是我国古代大语文教育乃至整个教育领域的指导原则和方法体系，当代语文教育继承和发展了启发式教育思想，并把它作为基本指导原理。按照现代教育学的理解，启发式教学指的是教师根据学生认识的客观规律及他们的理解能力和知识水平，充分调动学生学习的主动性，激发其内在的学习动力，实现教师引导作用与学生学习积极性的结合，系统的知识学习与智力充分发展的结合，引导学生的学习过程，使他们经过独立思考，融会贯通，掌握知识，并提高理解、分析和解决问题的能力。启发式教学的特点在于发展学生的智力，培养创造型人才。

（一）运用启发式教学艺术的基本原则

教师要想在语文课堂中正确地运用启发式教学，充分发挥它的作用，就有必要了解运用启发式教学所遵循的原则。根据广大优秀教师在教学实践中积累的教学经验，可以把运用启发式教学所遵循的基本原则概括为以下五点。

1.教师引导、学生主体原则

启发式教学强调教师的“导”要引起学生的“思”，贵在“引导”“引路”，而不是代替学生走路；强调教学要充分唤起学生的主体意识，让他们知道自己是学习的主人；强调教学启发、激励，调动学生的眼、耳、手、脑等各种器官参与学习，坚决废止灌输和呆读死记。教师在教学中只有充分贯彻教师引导、学生主体的原则，才能充分调动教师“教”和学生“学”的积

①郝丽琴.中学语文教学设计与案例分析［M］.合肥：安徽大学出版社，2015.

极性，从而提高教学质量。

2.了解实际、因材施教原则

由于各个学生的知识基础、理解能力、接受能力以及个性、爱好不同，对不同的学生，教师要注意有的放矢地进行启发引导，做到因人而异、因材施教。这样才能恰到好处地启发引导，促进学生思考，最大限度地调动学生学习的积极性、主动性。

3.激发动机、引起兴趣原则

激发动机和引起兴趣是促进学生学习、思考和探索的前提。学习动机是学生内在的学习需求，学习动机中最现实、最活跃的成分是求知兴趣。学生有了正确的学习动机，就会产生强烈的求知欲，就能集中精力，坚持探索，并克服学习中的重重困难。因此，启发式教学必须从激发动机和引起兴趣开始。

4.分清主次、抓主要矛盾原则

启发式教学要“启”在主要问题上，“发”在解决问题的关键点，这就必须做到中心突出、重点明确、条理分明、详略得当。否则，教学中不分主次，眉毛胡子一把抓，当详不详，当略不略，枝蔓芜杂，就会降低启发式教学的质量。

5.教学民主、多向传递原则

启发式教学不仅提倡教师在讲解中进行启发，更倡导采用多向交流形式进行启发，也就是既运用讲述法进行启发，又运用问答法和讨论法进行启发，使教学呈现多向交流，使学生学得生动活泼。

（二）运用启发式教学艺术的具体方法

根据对广大优秀教师，尤其是特级教师教学实践的总结和教学经验的剖析，运用启发式教学艺术的具体方法可以归纳为以下几种。

1.激发动机启发

心理学认为，动机是某种需要引起的有意识或无意识的但可以实现的行为倾向，它是激励或推动人去行动以达到一定目的的内在动因。对学习来说，学习动机便是学习的原动力，要获得学习的成功，就必须具备这种原动力。语文学习当然也不例外。

在语文教学方法中，激发学生的学习动机，主要是为了调动学生学习语文的自觉性、积极性、主动性，培养他们学习语文的兴趣，端正他们学习语文的态度。为此，要做到以下几点。①让学生明确学习的目的及意义。教师要帮助学生认识为什么学习，学习什么内容，达到什么要求及语文学科在实践中的意义和作用。只有学生明确了学习的目的和学习的意义时才会产生积极的自觉性，为达到一定的目的而付出努力。②充实教学内容和改进教学方法。学生的学习动机有一个从低级到高级不断深化的过程。教师除了用学习目的启发动机，还要注意用各种形式稳定和深化学习动机，而充实教学内容和改进教学方法是很重要的一种形式。实践证明，陈旧过时的教学内容和单调乏味的教学方法不会激发学生的学习兴趣，反而会扼杀学生的学习兴趣。因此，教师在教学中应力求用丰富新颖、逻辑系统性强、反映当代新的科研成果的教学内容和以启发式为指导的各种教学方法组织教学，以此吸引学生、启发学生，使学生通过学习得到精神上的满足，进一步产生学习兴趣。此外，可以通过开展竞赛、教学游戏等形式启发学生的求知欲。当学生感到学习有趣和有用时，就会产生强烈的学习动机。[①]

2.创境激情启发

在语文教学过程中，创设引导学生发现问题和解决问题的情境，使学生受到情境的熏陶和感染，促使学生展开思维的翅膀在知识的海洋里遨游，这是启发式教学艺术的重要手段和方法。

教学环境的设计与布置包括教室、讲台、黑板和教学中使用的各种形象化材料，如教具、标本、实物、照片、图表、板书、板画、幻灯、录像等，也是引起学生兴趣、进行启发引导的重要手段。学生的学习，常常是通过眼、耳、鼻、舌等感官来认识、接触的。学生的年纪越小，教学环境的作用越大。因此，教师应按照教学目的和任务、教学原则和方法的要求，精心布置、精选教具，并按照美学原则，创设优美的环境，使学生置身其中，感到愉快舒适，从而专心致志，努力学习。

3.激化矛盾启发

教师在语文课堂上激化问题矛盾，引导学生深入思考，提出解决问题的

---

①钱加清.语文课程与教学论［M］.济南：山东人民出版社，2008.

假设（即还未经证实的设想、看法、观点），并寻求支持假设的根据，从而使学生创新性地解决问题。这一启发式教学艺术的关键是要鼓励学生提出不同的假设，发表不同的看法，抓住对立的观点进行思考。这样才能发散思维，使学习具有创新因素。

4.类比联想启发

事物总是相互联系的。知识与知识之间，通过已知类比未知，唤起学生的联想，求得对问题的解答，这是启发式教学经常运用的一种方法。

类比、联想不但能巩固旧知识，获得新知识，而且能在获得新知识的同时，扩充新知识，使学生的知识更加丰富，思维更加活跃。

类比、联想、启发，要求教师要善于利用学生已有的生活经验和感性知识，引起他们的联想，引导他们由此及彼、举一反三地。同时，要求教师在引导学生运用已有知识和经验探求新知识和未知领域时，还要注意把基础知识和基本技能的掌握与创造性的思维活动结合起来，要从学生已有的生活经验和已经掌握的实际出发，运用典型事例启发学生通过联想解决疑难问题，达到使学生掌握知识、发展智力、培养能力的目的。

5.比喻引趣启发

比喻也是启发式教学经常使用的一种方法。在教学中，教师运用具体形象的学生熟知的事物去比喻说明那些抽象的、深奥的、生疏的事物，激发学生联想，启发学生思考，进行对照化简、化难为易，使学生生动活泼地、妙趣横生地进行学习。

比喻，就是打比方。有经验的教师在教学中常常采用此种方法，把理论性的东西讲得具体、生动、浅显、明白，为学生喜闻乐见。在运用比喻进行启发时，应注意比喻要贴切、恰当、精练、求新。

启发式教学的方法是多种多样的，但必须注意，启发式教学是一种教学思想和总的教学指导方法，它渗透于各种教学方法。这里仅从启发式教学艺术着眼，从不同角度总结出上述方法。在具体运用这几种方法时不是单一地使用，往往是综合运用。

三、语文课堂教学的表达艺术

语文教学过程中，教师的表达能力直接影响学生学习的积极性，关系到教学效果。因此，教师应不断地提高自己的课堂表达能力，锤炼自己的课堂表达艺术。课堂教学表达有教学口语、态势语言、教学板书三种方式。

（一）教学口语表达艺术

语文教学口语是一种有声音语言的艺术。教师在课堂上阐明教材、传授知识、组织讨论等一系列教学活动中所用的语言，就是教学口语。口语表达是教师最重要、最基本的职业技能。教师说话水平的高低、口语能力的强弱直接关系到教育教学工作的效果。

运用语文教学口语除一般教学语言所应遵循的教育性、科学性、逻辑性、启发性原则以外，还应遵循以下原则。

1.规范性原则

规范，就是标准、典范的意思。教学口语规范目的是让学生学习、效仿。事实证明，儿童时期乃至青少年时期，依靠模仿手段学得的知识占较大比重。他们模仿的对象主要是成年人，而他们的教师更是其模仿的主要对象。教师的一言一行都是他们模仿的内容。可见，教师教学口语的规范对青少年语言规范化的教育和影响是异常重要的。

语文教学口语规范化。首先，必须讲普通话，即以北京语言为标准音，以北方话为基础方言，以典范的现代白话文著作为语法规范的现代汉民族共同语。我国地域辽阔，民族众多，各地有各地的方言。有时即使是同一方言区，但由于所操的次方言不同，也无法进行情感交流和思想沟通。所以教师讲课时都要讲普通话，即其语音、词汇、语法、轻声、儿化、变调都要符合普通话的规范，这既是时代的需要，也是职业道德的要求。如果语文教师不用普通话进行教学，就是失职。其次，必须符合专业教学要求。语文学科有自己特有的概念、术语、原理、规则等，教师的教学口语应该符合这一学科的特点，不能用一般的日常用语来代替科学术语，也不能按照一般人的理解去随意解释一些原理和现象。①

推广普通话是语文教师义不容辞的责任。语文教师在教学中必须运用纯正的普通话传递信息，表达感情，使学生从语音上体会到汉语的优美、动听、表现力，从而学习普通话。一个语文教师如果不能用普通话进行教学，

---

①苏立康.中学语文教学研究［M］.北京：中央广播电视大学出版社，2003.

还谈什么教学艺术呢？

2.生动性原则

生动的教学口语能吸引学生的注意力，唤起学生的求知欲望和学习热情，把抽象的概念具体化，把深奥的道理形象化，把枯燥的知识有趣化。教师的语言要生动，必须将语言的意、形、音三者联合运用，把语言的潜力挖出来，使语言“既有意思，又有响声，还有光彩”，做到“意美以感心、形美以感目、音美以感耳”。

所谓“意美”，指语言能精确地表达教学内容，揭示教学内容的本质，传授知识必须准确无误。例如，介绍有关材料，必须真实；引述与教学有关的名人语录、格言、警句等，必须准确无误，严肃认真，连标点符号也不能错；正音释词，也必须丝毫不差，因为稍有出入，就会以讹传讹，误人子弟。

语文教师上课的用语，虽然不能像福楼拜所说选择唯一的、完美的词语去传递教学信息，但必须准确，可以把“一词说”作为准确的最终目标。例如，汉语中表示“死”的同义词、近义词有许多：亡、故、病卒、驾崩、毙、逝世、捐躯、永别、诀别、送命、丧生、作古、谢世、去世、老了、献身、牺牲、寿终正寝等，用时要根据语境认真选择。

所谓“形美”，指运用语言把事物的形状和事件的情景，绘声绘色地讲出来，讲究语言的色彩、明暗，感触的软硬、粗细，声调的响亮、沉郁等，使人听后如身临其境，如见其人，如闻其声，如嗅其味，如扪其形。例如，《鲁提辖拳打镇关西》中，写鲁达三拳打死郑屠：

> 扑的只一拳，正打在鼻子上，打得鲜血迸流，鼻子歪在半边，却便似开了个油酱铺，咸的、酸的、辣的一发都滚出来……提起拳头来就眼眶际眉梢只一拳，打得眼棱绽裂，乌珠迸出，也似开了个彩帛铺，红的、黑的、紫的都绽将出来……又只一拳，太阳上正着，却似做了一个全堂水陆的道场，磬儿、钹儿、铙儿一齐响。

这“三拳”运用三个精彩的比喻，描绘了一幅生动、具体的图像，把鲁达不畏强暴、伸张正义的情态活脱脱地展现出来，有声、有色、有形，唤起人们丰富的联想，达到了“形美”的特殊效果。

要想达到“形美”，教师必须讲究语言表达的修辞，选用比喻、排比、拟人、反复、夸张、顶真、对偶、摹状等修辞格，运用多种句型，如陈述句、疑问句、感叹句、祈使句、被动句、主动句、否定句、双重否定句等，注重长短句的配合，增强语言的表达效果。

所谓“音美”，指语言应具有节奏美。说话快了，像“机关枪”一样，学生接收不了输送的信息，听课吃力，思维赶不上趟，容易产生消极情绪；说话慢了，像“老牛拉破车”一样，学生感到厌倦疲乏；声音高了，对学生刺激太强，学生会从兴奋很快转入抑制状态；声音低了，有气无力，学生的兴趣情绪也调动不起来。教学语言必须注意节奏，利用声调的高低、升降、快慢以及长短句的变化，做到抑扬顿挫，使语言符合学生听觉的需要。

教学语言的“音美”，必须去掉语言杂质，如“嗯、这个、那个、那么、反正、呃、哎”之类的口头禅。讲究重音和停顿，运用汉语的平仄音律，金声玉振，铿锵悦耳，给学生美的享受。

3.情感性原则

教师在教学中，应用动情的语言打开学生的心扉，把真、善、美的种子播进他们的心田。教师有时慷慨陈词，掀起学生的感情波澜；有时娓娓道来，好似溪流注入学生的心田；有时引而不发，调动学生的积极思维；有时言有尽而意无穷，使学生回味思索；有时语言警策，引起学生心头的震颤；有时语言充满诗情画意，陶冶学生的性情；有时语言含蓄内蕴，使学生回味无穷；有时语言风趣幽默，令学生兴致盎然；有时语言饱含深邃的哲理，叫学生聪颖悟窍……总之，语文教学的语言富有情感性。

教学过程中，感情是激励学生学习的起点，更是学生吸收知识、转化能力、陶冶性情、形成信念的终点，所以“情”是贯穿教学全过程的一根主线。运用教学语言激发学生的感情可从以下三个方面入手。

（1）诱发感情

教一篇课文，要研究从什么地方讲起学生最感兴趣，最能吸引他们，能最快走进他们的心里。要诱发学生的感情，选好教学的突破口是关键。学生的感情萌发了，对所学课文就能产生强烈的学习欲望。

（2）激发感情

教学过程中，学生的感情往往是潜在的、内蕴的，需要教师去激好。为此，教师可以用“动情”的语言传达教材动情的事件，让字字句句撞击学生的心灵。教师要善于把自己对教学内容的情感体验传达给学生，使学生受到感染，并获得相同的情感体验。

（3）触发共鸣

人因为某人某事的具体情境或具体情境的某一方面与自己所处的情境相同或相似，会产生感情的振动，进而引起与课文中的人物相类似的情感冲动，这种心理现象就叫做共鸣。教师在教学过程中，要注意触发学生的思想感情，使之与课文的思想感情一拍即合、连类而及，产生强烈的共鸣，从而做到“融美于心灵”。

4.机智性原则

教学语言的机智性是教师在教学实践活动中的一种随机应变的能力。课堂教学面对的是一个复杂的“人—人系统”，它充满变化和问题，不管教师事先如何进行周密的设计，都会遇到许多新的“非预期性”的教学问题。若不能很好地解决这些问题，课堂教学就会陷入困境或僵局，教学计划就会被打乱。对此，造诣深、修养好的教师能表现出良好的教学机智，能根据具体的教学情境创造性地实施教学艺术，由此营造良好的教学氛围。

（二）态势语言表达艺术

态势语言是另一种教学语言，通过手势、表情、动作等表达某种特定的意义，让人明了其义。它是教学口语的重要辅助手段，能补充教学口语的不足。

教师在语文教学中运用态势语言，有助于形象直观地说明事物，有助于对学生进行无声的指挥。例如，用眼睛扫视全班示意要安静；点头表示同意；等等。态势语只可意会而不可言传，手势、眼神、表情、点头、摇头、沉思、停顿、叹气等，表面上看来没有语言，但能表达语言所不能表达的内容。国外的心理学家把这种非语言因素的态势语称为意识信号。美国心理学家艾帕尔·梅拉别思经过多次实验，得出一个公式：信息的总效果=7%的文字+38%的音调+55%的面部表情。[①]可见，态势语对教学效果具有重要作用。

教学中，教师的认识、情感、意志和个性心理活动，包括教师的生理的能量等，凝聚在态势语中，形成一种意识信号。教师在教学中所发出的意识信号是教师的思想观点、知识功底、教学技艺和整个身心能量的体现。态势

①闫祯.中学语文教学法新编［M］.武汉：华中师范大学出版社，2007.

语（意识信号）和教学的其他因素一起，赋予课堂教学以艺术、生机和个性，使其升华到一种理想境界。正因为这样，任何现代化的“人—机关系”都取代不了面对面的师生关系。通过录音或电视进行学习，无论如何都没有教师面对面的教学效果好。

1.态势语的表达方式

态势语的表达方式主要有三种：表情、指点和描划。

从表情来看，即运用面部的变化表达内心的某种思想感情。例如，用微笑表示欢喜或同意，蹙额皱眉表示愤怒、厌恶或反对。表情态势语虽多用于对某事物的反映，但未经自己深思的表态，对别人的刺激作用也很大，所以教师在课堂上运用表情要慎重。

从指点来说，即直接指点对象的态势。例如，指某个人说某个人的有关情况，指某事物说某事物的内容，增强直观感，使人便于接受和理解。指点态势语，只适用于视觉前后左右所涉及的范围中的事物和方向。超过了视觉范围，指点就失去了意义。

从描划来说，它可描划人或事物的形状，或借他物重要特征来表示，还可借适宜描划他方的行动来表示这方的事物。例如，用一只手支撑着头，两眼紧闭，表示睡着了；伸出大拇指表示大的含义、夸耀和赞许的意思；伸出小指头表示小的含义、藐视和轻蔑的意思；等等。

2.态势语言的表达技巧

教师在课堂上无论采取哪种方式与学生进行信息沟通，其目的都在于师生间信息的顺利传递，情感的及时交流，对课堂活动进行必要的调节，从而提高课堂教学的质量。而要达到这个目的，在课堂教学中灵活自如地运用态势语，教师应掌握以下技巧。

（1）心神合一、情绪饱满

要想使自己的态势语真正起到传情达意的作用，教师必须做到心神合一，情绪饱满，精神振奋，气势浑厚，态度端庄且和蔼，感情充沛又热忱。

在教学活动中，教师会经常产生诸如高兴、激动、愤怒、苦恼等不同情绪。当产生这些情绪时，面部、肢体就会发生各种各样的变化，如眼睛时而有神，时而黯淡；面容时而微笑，时而绷紧，时而皱眉等。学生可以透过教师的眼神、手势、体态和声调的变化，领悟、察觉教师情感的变化。如果教师责任心不强，或缺乏教学经验，特别在遇到不愉快的事情时，必定会出现心神分散、情绪低落的情况，这必然影响学生听课的情绪和求学的进取心，进而影响课堂教学质量。有经验的教师都很重视运用表情的变化启迪、引导、感染学生，如提出问题后，轻轻皱眉，以示思索；当学生答非所问时，缓缓摇头，以表示有疑问；当回答令人满意时，轻轻点头，表示赞同；当学生一时不能回答，将手轻轻下压以示意学生坐下，表示尊重和爱护。恰当的态势语言的运用必须建立在心神合一、情绪饱满的基础上。因此，教师必须有乐观振奋的精神、饱满高涨的情绪、健康良好的思想，才能使态势语言的运用充满感情，富于变化，以获得较好的教学效果。

（2）运眼传神、富于变化

“眼睛是心灵的窗户”，是人们交流信息、传递感情的主要工具。心理学认为，眼睛可以表达无声的语言，眼神里丰富的信息往往比有声语言更富有感染力。

教师在课堂上要善于用眼睛“说话”“传情”“解惑”。一般来说，教师走上讲台，切忌匆忙讲课，可稍停顿片刻，用目光环视教室四周和全体学生，这样可安定学生的情绪，把学生的注意力吸引到课堂的学习上。教师在讲课、提问、解答问题时，都要不时地环视前后左右，尤其要给予后排左右两角特别的关注。这样以目传神，可促使学生专心听讲。师生关系在课堂上常常靠视线建立和维持，教师的眼睛看某些学生的频率，直接反映出教师对他们的喜爱。

因此，教师必须避免对偏爱的学生过多的顾盼，要和不喜欢的学生或学习成绩较差的学生经常交流。当某些学生回答问题准确时，教师可用赞许的目光以示鼓励；当某些学生精力分散时，教师可用皱眉、凝视、扬眉等以示提醒。要使学生振奋，教师要目光炯炯；要使学生改正错误，教师可目光严厉，透出责备。总之，教师要熟练地理解和学会运用眼神的变化表达内心的思想、意图、情感及其他信息。

教师还要运用眼神进行反馈与教学调节。教师要善于借助学生的眼神来洞悉学生的心灵，寻找学生学习中的契机，以作为教学的反馈。例如，当学生的眼睛总是凝视某一点时，说明学生的思想有可能开了小差；当学生面对提问坦然地望着教师，说明学生对回答问题有一定把握。在讲授中，学生眼带笑意，频频点头，说明学生对所讲内容理解了；如果皱眉，眼带困惑，说明有疑问，遇到了困难。教师要根据眼神反馈，发挥临场机智，及时进行教学调节，不要拘泥于既定教案。需要注意的是，教师的眼神要自然、亲切，讲究美感，眼睛转动的范围和频率都应适度。那只盯着书本或教案，或只看前两排学生或少数学生，或过分地左顾右盼、上下移动的做法，都是应该纠正的。此外，教师还不能斜视、俯视和久视，因为斜视有“轻蔑”的含义，俯视有“傲慢”的内涵，久视有“憎恶”的味道。

（3）点头用手、恰到好处

头和手的使用也是态势语言的重要组成部分。头和手的恰当运用，可以支持、修饰语言，表达语言难以表达的感情。如可以表达肯定、默许、赞扬、鼓励、否定、批评等意思，配合语言使用，会取得很好的教学效果。

教师在教学中运用头的摆动表达意思，能给人亲切、含蓄、深沉、暗示之感。如当学生回答问题正确时，教师可轻轻地点点头以示肯定。点头可起强调、暗示和鼓励作用。即使不说话，学生也会领悟到其中的信息。因此，教师要善于控制和使用头部动作，尽量使头部的动作轻松沉着，头部动作的轻松沉着标志一个人心情的轻松愉快。教师即使遇到什么意外或不幸之事，在课堂上也要尽量克制，避免做出不恰当的头部动作。

手也是会说话的工具，教师要认真掌握运用手势或“手语”的技巧。在教学中运用手势，可以使教师的主体形象更加鲜明，使有声语言更能传情达意，使学生透过视觉获得具体形象，增强美感。手势具有不同的含义，有情意手势，有指示手势，有形象手势，教师要区分手势的含义，加以选择。当然，教师的手势不宜过多、过碎，过多、过碎就显得烦琐，会削弱语言表述的作用。①

（三）板书表达艺术

教学板书是指教师根据教学需要在教学用具（主要是黑板）上以书面语言或符号进行表情达意、教书育人的活动。它是教师进行教学的基本功之一。良好的教学板书，是一门独特的艺术。

1.运用板书表达的基本要求

有些教师不讲究板书设计艺术，课前缺乏准备，板书时随心所欲：或随写随擦，毫无计划；或杂乱无章，不得要领；或忽大忽小，龙飞凤舞；或不

①钱加清.语文课程与教学论［M］.济南：山东人民出版社，2008.

留天地，不分起讫；或不著一字，空空如也。更有甚者，不讲笔顺，出现错别字，贻误学生。这些，都是对教学不负责任的表现，作为语文教师，必须重视板书，讲究板书艺术，发挥板书的教学作用。

第一，板书要合理布局，条理清晰。教师板书要合理布局。教师一开始板书时，就应对板书的整体做好周密考虑和设计，力求整洁美观，选择在黑板的中央偏上部位，或者光线较好、全班学生都看得清的地方。一块黑板犹如一张长方形的大纸，应有天头、地角之分。天头正中书写讲课的课题，然后从上至下书写工整，地角略有空余，不应写满。不能写满的原因有二：一是教师书写不便；二是讲台所挡学生看不见。一块黑板又好像一幅长方形的画轴，教师板书时从左至右顺势展开，其间可分为左、中、右三个部分。一般说来，左边板书时代背景、作者简介、正音辨字、新的词语，中间板书作者思路、文章结构、重点难点、中心要点、写作特点，右边板书重要的语文知识、陌生字词、添加补充、作业。

第二，板书要抓住中心，厘清脉络。教学板书不能无重点地整板整板地写，让学生整板整板地抄，使学生领会不到重点。教师要对板书进行研究，一字一句都应有明确的目的，要能体现教学意图。

第三，板书要深入浅出，直观形象。就是为了去粗取精，教师才设计板书，以把课文复杂的内容变成简明扼要的语言。所以板书必须深入浅出，便于学生接受。另外，板书还要形象，原因有二：一是吸引学生的注意力；二是形象的东西便于学生留下深刻的印象。

第四，板书要书写规范，示范性强。书写规范是指粉笔字工整、笔顺正确、结构均匀、大小适宜。板书的书写是教师的基本功之一，如果教师经常写错别字，或者倒拉笔顺、字形拙劣、纵横排列歪斜、版面不洁，不仅有损教师的形象，还会影响课堂的气氛和效果。

2.运用板书表达的艺术方法

（1）提纲式板书

提纲式板书就是根据文章体裁，或按情节发展顺序，或按文章线索推进，或按论证层次等特点紧扣文章的关键、要点，进行板书表达。这种板书提纲挈领，能帮助学生厘清课文的思路，整理自己的思维。教学需要不同，提纲也不同。

段落提纲：依课文内容，把课文划分成若干段落，用简练的语言加以概括，分条写出来。

人物分析提纲：从人物的外貌、语言、行动等不同方面列出提纲，对人物形象进行分析，做出准确的评价。

景物描写提纲：根据教学要求，把课文景物描写的部分，用精要的文字概括出来，使学生认识到景物描写的方位、层次性及作用。

情节提纲：按照故事的发展过程，依情节的开端、发展、高潮、结局等阶段列出提纲，帮助学生熟悉课文，理解课文，理解情节的意义和作用。

（2）对比式板书

对比式板书是将教学内容相互对立、彼此对应的两部分集中在一起而设计的板书。这种板书可使相关教学内容形成鲜明的对照，使学生清晰地看到其中的区别与联系。

第二节　语文教学的备课与授课艺术

一、语文教学备课艺术

对一节课内容的全面掌握、理解是备好一节课的基础，但备好一节课只是开始。除此之外，教师还要抓住重点、把握难点、找出关键，并针对学生采取适当方法。

（一）备重点

教师在备课时应根据不同情况区别对待，有所侧重，也就是说要重点做好“备重点”这项工作。备课时确定重点的一般标准有三条：①基本概念；②基本理论；③基本方法。教师备课时应结合教材的具体教学内容，如语文教材某篇课文中的“画龙点睛”之处（某句“点题句”）进行应用。具体到某一课时，则是指这堂课要着重解决的某一问题，如传授新知识，要把主要精力放在系统介绍教学内容，并把其中的要点阐述清楚；而习题讲评课，应把重点定在剖析大多数学生普遍容易做错习题上，并分析原因。

教材重点就教材的具体内容而言，一般来说，对学习教材中其他内容举足轻重的知识点便是教材重点。如前文所述，教材中各个知识点在整册书中所占的篇幅是不一样的，有的重要些，占的篇幅也多些；有的次要些，占的篇幅也少些。而教学重点是指那些在课堂教学过程中需要教师着重讲解，要求学生听课时（学习时）加以关注的知识点。

（二）备难点

教材中的内容有难有易，每节课的内容也是有难有易。所谓难点，是指那些大部分学生难以较快、较好地理解、掌握和运用的知识；比较复杂的技能和比较生疏的技巧。具体地说，对学生而言，通常抽象的知识、复杂的问题及表面相似、容易混淆的内容都是难点。教师备课时首先要自己理解透彻，从学生的实际可接受程度出发，着力化难为易，对于抽象的知识，应当配备生动形象的例子来解释；对于复杂的问题，应当通过多层次的分析来化解；对于表面相似、容易混淆的内容，应当用比较的方法指出它们之间的异同。

（三）备关键

“关键”，本是两个词——“关”和“键”。据《辞海》释义，“关”的本义是门闩，“键”的本义是门门、锁簧，因此，“键”也可解释为钥匙，现在合成一个词，意思是“事物最紧要的部分”。“备关键”中的“关键”有两方面的含义：一是指教材内容的某一个“关节处”，如果在这个地方“卡住”了，便不能迅速、正确地理解整个部分的内容；二是指在课堂教学进行过程中某一重要的环节（或是教学方法转换之时，或是学生听课情绪起伏之际），如处置不当，则会影响课堂教学活动的顺利进行。

根据“备关键”所包含的两个方面的含义，要真正做到“备好关键”也必须从“教材内容的关节处”和“教学进行过程中的重要环节”这两个方面去考虑。

对于“教材内容的关节处”，教师应当首先把握某一教学内容的整体意思，根据具体的教学要求看其中哪一处具有“如果不弄懂这些知识则会影响学生学习这一教学内容中其他知识”的特征（先看重点、难点，也可能不是重点、难点）；然后加以分析，注意找出这些知识在联系上下文和联系新旧知识中所起的特殊作用，以供课上要求学生注意“关节处”时使用；接着利用教学参考资料和自己平时积累的教学经验，对“关节处”做一番化难为易的工作（如准备一些生动形象的例子，用学生容易理解的语言加以阐述等），将学生必须理解掌握的“关节处”清晰地呈现在他们面前；最后准备一些让学生课后练习、消化知识的思考题，以使他们巩固这些内容。[①]

对于“教学进程中的重要环节”，一是要注意从整体上加以把握（整堂课准备怎样上，其中特别要学生注意的是哪一个环节），以使学生了解这一环节的重要性，从而加以关注；二是在这个环节出现之前要有铺垫，要作适当的提示（如教师讲某一例题，整个运算过程写在黑板上之后，要着重分析不同的解题途径及从思维角度，因为不少学生只会用传统的模式，基于此，教师解题之前就要作必要的说明）；三是估计上课时会出现的不利于教学过程顺利展开的局面，事先仔细分析原因（其中主要是学生的心态、情绪等），准备一些切实可行的具体措施，以避免尴尬场面的出现（如组织学生进行课堂讨论时，就要抓住如何避免出现“有些学生或可能不发言或‘开无轨电车’”的场面，着重准备如何召集各组组长会议）。

二、语文教学授课艺术

（一）课堂结讲

课堂结讲是每堂课的重要环节。在一节课将要结束的时候，教师要组织全体学生或对这节课的结构、内容要点作小结，或对课文的结构、中心、写作方法作小结，有时还要以此为基础作延伸，对学生进行联系实际的教育。同时，还要安排练习，布置作业。目的是帮助学生巩固记忆和运用所学知识，培养能力，使之受到感染和教育，产生继续学习的兴趣。如果把一堂课比作一场戏，“开场戏”固然有抓住观众眼球的作用，而“收场戏”更有独特的功效。优秀的语文教师都重视课程的结尾，认为一堂课应是“凤头、猪肚、豹尾”。所以语文教学过程的艺术不仅要求导入引人入胜，中间高潮迭起，还要求结讲画龙点睛，余味无穷。

①张鸿苓，张锐.中学语文教学［M］.北京：光明日报出版社，1987.

1.结讲的几种方法

常见的结讲艺术方法主要有以下几种。

（1）评论法

结尾时，在对课文主旨进行概括、提炼的基础上，再对课文的内容或写法的某一方面进行评论。采用评论法结尾要注意评论恰到好处，实事求是，不可随意夸大或缩小。以下两种类型的课文可考虑此法：一是课文内容具有较强的历史意义或现实意义；是写作方法具有突出的代表性或特殊意义。如范仲淹的《岳阳楼记》一文，不仅所绘之景令人心旷神怡，而且闪烁其间的“先天下之忧而忧，后天下之乐而乐”的伟大思想光照后人。结讲时可引导学生进行评论，以增强青少年的使命感、责任感和民族自尊心，树立振兴中华民族的理想和抱负。由于课文内容精华与糟粕、积极意义和消极意义并存，教师还要联系具体历史背景及作者的创作思想，坚持用历史唯物主义和辩证唯物主义观点加以评论，以去伪存真，去粗取精，提高学生的识别鉴赏能力。如《促织》一文，反映了统治者的昏庸和腐朽，表现了作者对人民的同情，这是作品进步的一面。但是带有迷信色彩的超现实的情节的运用，不能不说是作者思想认识的局限。在结讲时，教师可作评点。评论法有助于学生全面、准确地把握课文内容，有助于培养学生善于思考、大胆质疑的创造精神。①

（2）练习法

教师上完新课应布置适当的练习，以检查他们对所学内容的掌握情况，及时发现和解决问题，帮助学生复习、巩固所学知识，并做到举一反三，触类旁通。例如，教师在教授《周总理，你在哪里》后，可开展小组、个人朗读接力赛，一方面激发学生的竞争心理，另一方面让学生通过朗读加深对诗的理解，训练学生的朗读能力。教师在教授《变色龙》时，课尾可设计口头作文练习：警官奥楚蔑洛夫“处理”了“狗咬人事件”后，迎面遇到了将军的哥哥——狗的主人，他将会有一番什么样的表演呢？通过这一练习的完成情况，教师既能了解学生对课文人物的把握情况，又能训练学生快速思维能力、口头表达能力。练习法结讲一方面要抓住重点和关键问题精心设计，另

①朱绍禹.中学语文课程与教学论［M］.长春：东北师范大学出版社，2006.

一方面要恰到好处地启迪和引导。

2.结讲遵循的原则

要使结讲在学生的头脑中留下美好的印象取得极其良好的效果（既能使他们得到愉悦无比的美感享受，又能使他们产生更为强烈的求知欲），必须遵循以下三条原则。

（1）完整性原则

要对整堂课的内容作简要的归纳，勾画出一个大致的轮廓（有时可结合板书进行）。这样收尾有利于加深学生对这堂课基本内容的理解和记忆。收尾切忌丢三落四、残缺不全，以至于学生下课时稀里糊涂，不知道这堂课哪些内容是必须要深刻理解并牢固掌握的。如有教师在上《白雪歌送武判官归京》时是这样结束的："这首咏雪送别诗，前十句从不同侧面写雪，后八句写雪衬托送别，送别中又描写雪景。诗在咏雪景的同时表现了雪中送友的真挚情谊，还传达出诗人独特、奇妙的感受，意境鲜明壮伟，具有极强的艺术感染力。"这既高度地概括了该诗的主要内容，又对它鲜明的艺术特色做了凝练总结。

（2）针对性原则

收尾要注意"完整"，要回顾这堂课的整个教学进程，但并不是不分轻重主次地把这过程平铺直叙地复述一遍。收尾要针对学生听课的实际情况，突出重点。这里所说的"突出重点"包含两个方面的含义：一是要突出要求学生这堂课必须掌握的那些最基本的教学内容（要求他们一般了解的内容，可以"一句带过"）；二是要突出那些在教学进程中大部分学生理解较为困难的地方，这样收尾能加深他们对重点内容和难点内容的理解。如有教师在讲授《不求甚解》时是这样结束的："由此可见：读书方法没有一定之规，主要看自己的习惯和文章内容。本文主要是为了反驳对方而说的一种读书法，不是说凡是书都要用"不求甚解"法来读。"这就通过针对课文学习的重点——读书方法来结束新课。

（3）启发性原则

收尾时教师用概括的语句把这堂课学习的主要内容加以归纳整理，以帮助学生更好地理解和掌握这些教学内容是很有必要的，然而仅仅做到这一点还是不够的。好的收尾应该是富有启发性的：教师不仅要把结论告诉学生，更要让学生了解和掌握得到结论的途径和方法，以便他们今后在学习类似的知识时能灵活运用。有教师在教《爸爸的花儿落了》这篇课文时，是这样结束的："学完文章我们知道，主人公英子带着悲哀告别了童年，但此时的她已经长大了，敢于面对一切苦难和挫折。当我们告别童年时，你会发现，终有一天，爸爸的花儿落了，而你已不再是小孩子，你也会不得不告别一些人、一些事、一些关怀、一些爱，你也将会独自面对很多挑战和挫折，届时你们会如何去做呢？"这也是一种启发，但不是知识或方法的启发，而是情感的启发。

（二）课堂教学中的节奏

我国古人曾精辟地提出："文武之道，一张一弛。"这在一定程度上揭示了事物有节奏发展的普遍规律，所谓抑扬顿挫、轻慢徐疾、阳刚阴柔、参差错落等这些词语，不仅具有一般的美学含义，表现了一般的美学法则，也孕育着事物发展的一些固有属性。万事须有节奏，这是亘古的真谛。课堂教学自然也必须遵循节奏规律，塑造节奏美感，以提高教学质量。

1.课堂节奏安排需要考虑的几个因素

（1）授课内容

上课时，课堂中的教学内容本身是具有一定的节奏感的。一般内容、重点内容、难点内容和关键之处，针对这些内容教师在组织课堂教学时不应一视同仁，而应对一般内容作简明扼要的介绍，对重点、难点及关键之处作较为详细的阐述并加以强调，这样就很自然地形成了节奏。

（2）教学过程

一堂课至少应包括这样三个阶段：导入（讲些"开场白"）、教学目标的完成（这是占时最多、最为重要的阶段）和收尾（做些概括加以小结）。其中教学目标的完成阶段根据不同的教学目标和教学内容又可采用多种教学方法（如教师系统讲述、教师问学生答、先让学生预习或讨论再讲或集体探究等）来进行。

（3）学生心理

不管是小学生，还是中学生，他们都不可能整堂课自始至终高度紧张地投入高密度的教学活动，如果教师没有给予适当的放松，那么他们参与不了半堂课便会产生疲倦的感觉；如果教师讲课富有变化，节奏感较强，那么学生即使较长时间专注在教学内容上，也不会觉得吃力。因此，教师在组织课堂教学时一定要注意节奏，以便让那些课堂上组织学生学习的内容鲜明、深刻地留在他们的脑子里，整个教学过程紧张与松弛交替出现，使他们大脑皮层的“兴奋灶”不断转移和交换，思维保持最佳状态，从而能轻松、愉快地理解和掌握教学内容。

2.把握几个方面的课堂节奏

（1）把握整节课的节奏

教师在组织每节课教学时要保持恰当的节奏。所谓“恰当”，即这种节奏要适合全班大多数学生的心理，紧张和舒缓交替出现；既要使学生的注意力高度集中，让他们参与起来毫不费力，又要使学生不至于因神经持续高度紧张而引起过度疲劳，对学习活动产生厌倦心理。教师在授课刚开始时定好“基调”（视本堂课的教学难度而定，内容简单可紧凑些，内容复杂可舒缓些）很重要，但同时应该注意随着教学活动的进行，根据变化着的具体情况随时调节（如有些内容虽较复杂，但由于教师准备充分、学生全神贯注而进行得比较顺利，节奏可紧凑些）。

（2）把握授课内容的节奏

包括教学内容的详略、多寡、取舍、分布等，即语义信息的含量和流速。在一定时间内，学生的大脑运动机制能力是有一定限度的，学生的理解和吸收能力也是有限的，且在不同的生理、心理曲线上，其兴奋中心也是不同的，因此，这种语义信息量的多少和流速的快慢，必须要与之相吻合。这就要求教师不能对教学内容照抄照搬，而要根据上述要求，进行合理有机的再创造，使教学内容的语义信息，流动节奏与课堂教学的外部形式口语、书面语的节奏完美结合，以符合学生的兴奋中心运动规律。有经验的教师总是会根据学生的实际情况，对教学内容进行剪裁与安排，调整顺序，做到由浅入深，在认知需要上合乎学生的思维规律；由易到难，在心理上合乎学生的接受习惯；由快到慢，在节奏上合乎学生的审美体验。这样，既增强了学生学习的信心和兴趣，又为前后两部分教学内容的节奏找到一个和谐的音阶，并为学生的审美需要搭起一座心理的彩虹桥。

（3）把握授课速度的节奏

授课速度的快与慢，也对节奏感的形成有着较为重要的影响。教师的授课速度通常有两种不良倾向：一种是进程太快，不考虑学生学习时注意力集中的实际情况和可接受程度，自顾自地把准备好的内容“连珠炮”般地发出，弄得学生晕头转向，不能很好地理解和掌握教学内容；另一种是进程太慢，不停地重复大部分学生很容易理解的内容（烦琐地说明、重复地讲解），弄得学生心烦意乱，味同嚼蜡，毫无兴趣可言。好的授课节奏应该是快慢交替、富有动态变化的。一般来说，授课速度的快与慢，要根据学生注意力的集中情况而定：他们的注意力较为集中（对教学内容比较感兴趣）时，可适当放慢速度，对教学内容做深入探讨；在他们的注意力较为分散（或将要分散）时，应适当加快速度，以吸引他们对教学内容的注意。学生在学习活动中思维的“张”与“弛”，也对节奏感的形成有着重要作用。所谓“张”，即是紧张，指教学过程到高潮阶段时，学生的思维处于最紧张、最兴奋的状态。在这种精神状态下，学生能既迅速又准确地掌握知识与技能。所谓“弛”，即松弛，一般是教学过程处于休整、停顿阶段时，学生的思维处于相对舒缓、不那么兴奋的状态。在这种状态下，他们会有时间对教学内容进行思考和回味，这对深刻理解教学内容是很有好处的。

（4）把握授课语言的节奏

语速、语感、语言本身都是语言节奏的要素。抑扬顿挫、激情洋溢、平铺直叙、言简意赅都可运用到语言节奏的调控上。教师可以根据教学内容、课堂结构的具体需要加以确定。

（5）把握书面语言（板书、板画等）的节奏

讲述是教师用字音说话，板书、板画、影像则是用字形、图形、影像说话，这些也同样存在着节奏的处理问题。板书、板画是一种视觉语言符号，动漫是视觉与听觉结合符号。它除了要动用人的大脑思维等系统，还要使用人的其他动觉系统——眼、手、耳等才能完成语义信息的传送，因此，它传输速率比较缓慢。所以，在一堂课里，对影像，尤其是对板书、板画本质的处理、安排，要有一个合理的层次节奏。一般来说，在课堂审美中，学生最忌一抄就是一大片，抄写时间过长，容易使学生疲劳，产生厌倦情绪。因此，在板书、板画的处理上，应注意层次分明，突出重点，能少写的绝不多

写，并根据课堂教学内容和教学结构的需要，让板书、板画分层次、有节奏地出现，并注意板书、板画和口语的交叉处理。同时进行的“交叉节奏形式”，其审美效果也是独具优势的。此外，板书在讲究字迹工整、美观、行列安排适当的基础上，还要注意书写的速度即节奏问题，教师的板书速度应该略快于学生的书写速度，否则，就会使学生产生“延长视听”的感觉。让学生处于“写—等待—写—等待”这样一种节奏中，在生理和心理上形成不和谐的循环。

总之，课堂教学的节奏美无处不在，无时不有，教学重点突出、详略得当，活动循序渐进、由浅入深，过程张弛有度、动静结合，环节过渡自然、层次分明，教师字字珠玑，起伏有致、疏密相间的课堂结构，启发引导、虚实相生的教学方法，教学内容内在的科学性与教学外在表达的形式构成的艺术等，均是课堂教学节奏美与艺术美的集中体现，是促使学生主动、高效学习的“催化剂”。

第三节　语文教学课堂组织调控艺术

一、课堂讨论指导

（一）选定课堂讨论题目及几项准备工作

与课堂讲授相比，课堂讨论有利于调动每个学生的主动性和积极性，因为讨论活动是以学生为主体的，所以参加活动的每个学生都有表达自己见解的机会，同时每个学生要认真听取其他同学的发言，以随时得到反馈信息，及时调整自己的观点。同时应该清楚认识到的是：教师在学生讨论中起不可或缺的、重要的作用，因为学生进行讨论并不是他们自发的行动，而是在教师的具体指导下进行的，要使课堂顺利进行并取得较大的收获，教师应在学生讨论开始之前，做好多项准备工作。总而言之，既要“务虚”，又要“务实”。先说“务虚”：一要想方设法创造符合教学目的、要求的条件和环境，以使学生开展积极的思维活动；二要有意识地、坚持不断地培养和提高学生的“讨论素质”，如怎样用概括的语言准确地表述自己的观点及怎样组织运用充分而又有说服力的材料来证明自己的观点，反驳不同的观点，要以理服人，不要“戴帽子”“打棍子”等。再说“务实”：教师在讨论前除选好题目外，还应该注意两点：一是在各个小组中安排一两个学生作中心发言（可以是组长，也可以是组员），这样避免在小组讨论开始的时候出现冷场和你推我让的局面；二要事先召开一次各组组长会议，告诉他们应如何紧扣教学内容和教学目的的要求组织好讨论，特别是教会他们在其他同学不发言或“乱发言”时怎么办。

（二）做到“分散为主、集中为辅”

如果教师授课是以学生课堂讨论为主，且题目已经选好，在讨论正式开始之前“务虚”“务实”两方面的工作也已经准备就绪，那么接着要注意的就是如何具体组织和如何合理分配时间。

要使以学生课堂讨论为主的课堂教学取得理想的教学效果，在组织形式和时间分配方面，应做到“分散为主、集中为辅”。要使以学生讨论为主的课堂教学真正做到“分散为主、集中为辅”，应注意以下几点。

一是每个讨论组的人数不宜过多或过少，以七八个为宜（人数过多会使部分学生失去发言的机会，人数过少则不利于“集思广益”）。

二是集中时间不宜过长，以保证学生有充分的时间对教师选定的题目进行深入的讨论，通常分散讨论的时间应占总教学时间的2/3及以上。

三是组织形式要灵活多样并富有变化，要有分有合，既要有小组讨论，也要有大组交流（如有需要听取两组的不同意见，也可将两组临时合并）。

四是教师要把握好指导的良机，以提高讨论的质量。

五是教师的指导要精准和恰当，无论是在参加小组讨论时发表意见，还是最后的集中讲评，都应简明扼要，切中要害，不应“喧宾夺主”，占据过多原本属于学生讨论的宝贵时间。

二、课堂表扬

（一）表扬要适时，要因人而异

课堂表扬是达到教学目的和完成教学任务不可或缺的一种手段，但要达到预期的目的和收到上佳的效果，教师实施时必须十分讲究艺术性。这里所说的“艺术性”，除了“独特而富有魅力”这一含义，还有“表扬要适时”的意思。“表扬要适时”中的“适时”当然有“及时”的意思，但又不等同于“及时”。“要适时”要求教师了解课堂教学活动进行到哪一个阶段，在哪些场合适合使用表达这种教学手段，要善于抓住最佳时机实施表扬（这里包含两层意思：一是在其他阶段、其他场合，表扬不如此时、此处效果好；二是使用其他种种教学手段均比不上表扬来得管用）。在课堂教学活动中，下列几种情况是应该表扬的。

①学生能很好理解时（无论是正确理解教学内容，还是正确理解教师的教学意图）——此时表扬能培养他们思维的正确性。学生的正确思维（包括思维内容和思维方法）因得到了教师的肯定而受到了鼓励和强化，这必将使之在以后的学习活动中得到很好的发挥。例如，在学习《边城》时，有学生引用流行歌曲“走近你我就走近痛苦，离开你我就离开幸福”来解释小说所表现的两难爱情。教师及时给予表扬，学生的思维热情无疑会得到更大的激发。

②学生很快理解时（无论是对教材有一定难度的教学内容，还是正确地理解教师的教学意图）——此时表扬能培养他们思维的敏捷性。学生反应的敏捷程度虽说跟遗传素质有关，但主要还是通过后天的实践（其中容易见效的是得法的教育）得到提高的，教师的适时表扬能加快学生提高思维敏捷度的速度。

③学生能深刻理解并发表自己的独特见解时（只要有一定的见解，有一定的独创性，哪怕这种见解还不够严密，甚至还存在有失偏颇之处）——此时的表扬尤为重要，能培养他们思维的独创性。学生的独到见解受到教师的好评，学生独立思维的行为受到教师的赞扬，久而久之学生会从教师的好评和称赞中得到鼓励和启迪，会逐渐养成时时处处独立思考的良好习惯。

表扬要因人而异，这是“因材施教”的一种具体的表现形式。孔子的两个学生问同样的问题：“听到了符合‘义’的事应该立即去做吗？”孔子对子路说“有父兄在，怎么能贸然去做”，而对冉有说“应该立即去做”，其高明之处是在于根据不同对象的特点做出了不同的处置（“由也兼人，故退之”“求也退，故进之”）。教师在课堂教学实施表扬时不妨学习孔子的这种做法。一般来说，“好学生”受表扬的机会比其他学生要多一些，但教师实施表扬时也要根据具体情况加以区别对待。“好学生”有两种类型：一种是学习态度认真，考试成绩好；另一种是思维敏捷，但学习不太踏实。对此，教师表扬的重点应有所不同。比如对前者，在表扬其态度认真的同时应要求他们拓展思路，注意灵活性。“差生”也不总是与教师的表扬无缘。只要教师不带有色眼镜看他们，总会发现他们身上的闪光点，不要对他们求全责备，应当尽可能“择其善者而扬之”，只要他们的见解之中有一点儿可取之处，只要他们有一点儿进步，都应当着重表扬。表扬学生，赞赏学生，用放大镜来关注他的优点，并公之于众，从而激发他的自尊心和自信心，这样的教育手段可谓高明至极。

显然，知时、因人而异地进行表扬，比起笼统地只表扬成绩好的学生，效果要好很多。

（二）表扬要面对全体学生，要适度

课堂表扬不仅是一种行之有效的教学手段，更是一门极具魅力、能吸引学生全神贯注学习的艺术。教师在具体实施时，艺术性越强，教学效果越佳。这里很重要的一点是要处理好点和面的关系，即不仅要使受表扬的学生得到鼓励，使其学习兴趣和积极性得到提高，还要让没有受到表扬的学生同样也得到鼓励，激起他们浓厚的学习兴趣。

课堂表扬这种教学手段运用得恰当，毫无疑问，对提高课堂教学质量有着十分积极的作用；但如果运用不当，非但不能产生任何作用，还会带来相当消极的负面影响。这里要注意一个度——表扬要适度，这是课堂表扬必须遵循的一条重要原则。课堂表扬要合理，表扬时要说明原因，要让学生知道什么样的言行最容易得到教师的表扬。对于学生的言行，只有的确有需要时才加以表扬，且应该表扬到什么程度，就表扬到什么程度，不可任意拔高。合理的表扬能给学生树立看得见的、能仿效的榜样，这种榜样的力量是无穷的；过度的、不合理的表扬往往会事与愿违，或者因时机不当打断教学活动。因此，语文教学是提升语文素养的重要手段和途径，在今后的语文教学中，我们应该更加注重教学艺术的运用和创新，以便更好地促进语文素养的培养和提升。

第四章　语文教学思维能力的培养

第一节　语文思维教学的基本策略

一、语文思维教学的思想内涵

（一）“语文思维教学”的界说

语文教学思维能力的培养是语文素养的组成部分，语文素养不仅是对语言文字的掌握，更包括阅读理解能力、文学鉴赏能力、表达能力等，而语文教学思维能力的培养正是针对这些方面的提升，有助于学生在语文学习中形成独立思考、分析问题的习惯，从而更全面地提升语文素养。首先要弄清楚什么叫语文思维。所谓语文思维，是指一切参与各种语文学习活动的思维。这种思维既要受语文学习活动的制约，打上语文学科性质的烙印，又会对各种语文学习活动施加积极影响，成为提高学生语文素养的助推器。

我们认为，“语文思维教学”是指在语文教学活动中，运用相关的思维理论知识，通过识字写字、阅读、写作、口语交际及综合性学习实践活动来训练学生各种思维素质和思维能力，进而促进学生语文素养全面提高的教学。“语文思维教学”的核心就是在各种语文教学活动中对学生的思维素质和能力进行扎实而有效的训练。语文思维训练是在科学先进的大语文观指导下，让思维主体（学生）的语文思维结构，作用于所要研究探讨的语文知识与能力，并使之产生分析、综合、比较、抽象与概括这一过程。在思维训练过程中，师生之间、生生之间、师生与文本之间要进行多方交流，不断地进行信息的传递和加工，求同存异，使学生这一思维主体的思维意识不断地得到优化，不断地在“聚合—发散—聚合”的碰撞过程中将思维推向高潮，推向深处。

（二）把握语文思维教学的特点

既然语文思维教学的落脚点是各种语文教学活动，那么在加强对学生思维素质与思维能力的训练上，教师就要首先明确语文思维教学中开展思维训练的基本特点。

1.思想的交流性

引起思维意识的主要方式是交流。师生大脑内部的信息在思维交流中得以交换，从而得到不断的调整。在这种持续的交换调整中，学生的思维更趋于系统化、具体化。在语文的听、说、读、写教学活动中，学生通过讨论、争论、辩论、鉴别、思考、验证，思维的方向、范围、内容、进度能够得到积极的调整。学生对教师反馈的信息进行变通性的加工整理，可使自身对客观事物的认识迈向更新、更高的境界，为思维的深化和创新创造良好的条件。

2.训练的整体性

基础教育课程改革的基本理念就是要面向全体，全面发展，主动发展。语文课程标准也强调要全面提高学生的语文素养，而思维品质的培养已纳入提高语文素养的范畴。从这个意义出发，必须强调思维训练要面向全体学生，面向每一个基础知识有差异的学生，使每个学生都能在原有基础上得到发展和进步。所谓“全面发展”是指平等发展、自由发展、和谐发展、个性发展。语文思维训练要特别突出学生思维个性的最优发展，要从学生思维特点出发寻找突破口，因材施教，让学生在扎实的语文思维训练中得到思维个性的充分发展。学生探讨问题的兴趣受自身认识水平差异的制约而有所不同，教师的功夫要下在调动所有学生参与对问题的思考和探索的积极性方面，让不同程度的学生都有发表自己意见的权利和机会。对于思维能力差的学生，不能冷淡他们、疏远他们。教师要小心翼翼、循循善诱，细心呵护他们，让他们得到更多思维训练的机会并获得成功的喜悦，从而调动他们参与思维训练的主动性、积极性，这有利于班级整体思维能力的提高。思维训练中学生发表与教师想法不一致的意见是常有的事，教师不能打压不同意见。

3.内容的广泛性

语文与生活的外延相等，这决定了语文教学中思维训练的内容是丰富的。古今中外，政治、经济、军事、外交、学校、家庭、社会、理想、法律、伦理、道德、情操、建筑、文学、绘画、雕塑、音乐、舞蹈等，凡课文所涉及的内容无所不包。教师进行思维训练要克服随意性和盲目性，要有整体考虑，通盘设计，要研究思维训练的系统性、连贯性，研究新旧教材、新旧知识之间的连贯和各部分之间的联系，研究当前的训练内容必须考虑与过去及今后的训练内容相衔接。教师还要了解所教学生的思维情况，从课标要求、教材特点、学生学情出发，确定思维训练的最佳内容和方法，使“矢”和“的”和谐地碰撞，以提高思维训练的实效性。

4.形式的渗透性

在语文教学中，思维教学不是孤立地进行的，而是渗透于识字写字、阅读、写作、口语交际、综合性学习实践活动，使语文学习活动与思维训练水乳交融，互相促进。

在语文教学中渗透思维训练较之其他学科有着得天独厚的优势。比如数、理、化学科主要适合训练抽象思维，其他思维的训练会受到学科内容的限制。而语文教学内容的广泛性决定了思维训练的多样性。说明文、议论文的阅读与写作教学适合渗透包括辩证思维在内的抽象思维训练；记叙文，特别是文学作品的阅读和写作教学，最适合渗透形象思维、直觉思维、灵感思维的训练。语文教学不仅是要帮助学生学习内容，更重要的是要帮助学生学习与内容相关的语言表达形式。语言是思维的物质外壳，思维是借助语言来进行的，调整语言本质上是调整思维，学习语言本身就是在学习思维。

二、优化语文思维教学的基本策略

语文思维教学是复杂的工作，它受许多因素的制约和影响。学生身心发展的特点以及智力因素、非智力因素、环境因素、教育因素，还有别的许多因素都影响和制约着语文的思维教学。综合考虑各种因素，能有效激发学生的思维兴趣，使学生进入积极思维的佳境，实现语文思维教学目标。

（一）考虑学生的身心发展

在学生成长过程中，其身心发展具有阶段性、不均衡性、稳定性、可变性与个别差异性。这些就是开展思维训练的客观依据。

1.考虑阶段性

学生的身心发展在不同年龄、不同学段会有不同的特点。随着年龄的增长、阅历的丰富、知识的积累、能力的提高，学生的思维会逐步由简单走向复杂、由低级走向高级、由单一走向综合、由幼稚走向成熟。根据这个特点，在幼儿阶段，当然是以训练形象思维为主；在小学阶段，仍然以训练形象思维为主，辅之以直觉与灵感思维的训练，适当渗透一点抽象思维训练；初中阶段，应该是形象思维训练与抽象思维训练并重；高中阶段，应该是对各种常用的思维方式做全面训练。特别要注意的是，应在抽象思维的训练中加入辩证思维的训练。各个学段都应该培养学生良好的思维习惯，在训练中培养对思维的兴趣，在互动交流中激活思维的灵气，在学习实践中形成思维创新的勇气。

2.考虑不均衡性

教育本身就存在不均衡的特点。不同地域、不同民族、不同学校、不同个体的学生，他们接受教育的环境条件是不一致的。这种不一致的环境条件会对学生的思维训练产生很大的影响。教师在利用现有环境条件和资源对学生进行思维训练时，要因地制宜、扬长避短。

3.考虑稳定性和可变性

在认识事物的过程中，学生的思路、思维习惯、思维方法都会有一定的套路。这些套路只要是正确的、合理的、带有一定规律性的、有利于培养学生良好思维素质和思维能力的，就应该坚持下去，保持其相对的稳定性。但是，这些思维套路也不能是固化的、一成不变的。随着学生年龄的增长、阅历的增加、知识的积累、能力的增强、思维内涵的拓展，思维训练的套路也应发生相应的变化。教师训练学生思维的方法要实事求是、灵活多变，不能墨守成规。教师要不断挖掘学生思维的潜力，善于引导学生从不同角度、不同侧面、不同方向去思考问题、解决问题；善于引导学生将看似缺少关联的信息进行重新加工组合，从而对事物产生新的认识。

4.考虑个别差异性

学生的全面发展包含个性发展的因素，不能用统一的教学内容和固定的模式来培养千差万别的学生。有一幅漫画是这样的：入学前学生的头有方形、圆形、菱形、三角形，而当他们走出校门时，所有学生的脑袋和教师的头一样，都变成了圆形。这幅漫画讽刺了忽略差别的教育的荒唐，深刻地揭示了传统教育模式的一大弊端：唯书是从、唯师是从，对学生的个性缺乏应有的尊重，以致严重地扼杀了学生的个性和创造性。

《论语》中记载，子路和冉求都向孔子提出“闻斯行诸”的问题，就是说当明白了一个道理之后，是否应该马上践行？对这一问题，孔子做了不同的回答。他对子路的回答是：“有父兄在，如之何其闻斯行之！”就是说，家有父兄，应先请教他们，然后决定是否马上行动。而对冉求的回答完全相反：“行之。”即明白了这个道理，就应该立即行动。孔子为什么会对同一问题给出两种截然相反的回答？孔子向感到疑惑的学生子华做了解释：“求也退，故进之；由也兼人，故退之。”也就是说，因为他们二人性格不同，冉求遇事顾虑太多，犹豫不决，所以要鼓励他遇事果断，不要错失良机；子路性格急躁，决断草率，所以教育他遇事多问人，三思而行。孔子教人不仅考虑了个性差异，而且考虑了水平差异。他在《雍也》中说：“中人以上，可以语上也；中人以下，不可以语上也。”就是说，对中等知识水平以下的人，不能教给他更高深的学问。孔子还善于根据不同的年龄施以不同的教学。他在《论语·季师》中说：“少之时，血气未定，戒之在得。”这是孔子对人们道德修养方面的论述，同时也是对学生分年龄段实施教育的论述。

语文教学中，对学生的思维训练也要因人而异，既要补其短，也要扬其长。所谓补其位，比如对不喜欢动脑筋的学生，要培养其思维的兴趣；对爱开小差、心不在焉的学生，要培养其集中注意力的习惯；对浮躁不专、浅尝辄止的学生，要训练其思维的深刻性；对畏惧困难、苦于思索的学生，就要训练其毅力；对胸无大志、缺乏追求的学生，就要帮助他们树立理想、坚定信念；对性格呆板、思想僵化的学生，重在训练其思维的灵活性。扬其长，是指在思维训练活动中，让每个人的特长得到充分发挥。有教师执教叶圣陶的《苏州园林》一课，结束后留给学生8分钟的时间，让他们尽情想象，设计21世纪你所神往的园林，从房屋、桥梁、花树的布置或雕塑的造型中选出一个方面来表现即可。这就是结合阅读教学引导想象发散学生思维。在这个思维训练中，学生的各种特长都能得到很好的发挥。擅长画画的，用彩笔勾勒；长于写作的，用语言描绘；有的把房屋设计成大象吸水的造型；有的将桥梁画成可以升降的巨型长廊；有的设想在沙漠上建造园林，房屋全设计成绿树红花的样子，让荒凉的沙漠充满生机。学生将表演、绘画、写作的特长发挥出来，再将其运用于语文思维训练的实践活动，不仅加深了对课文的理解，锻炼了想象力与思维发散能力，其运动智能、人际关系智能、空间智能、自然观察智能也得到了充分展示。

（二）营造良好的教学氛围

在语文思维教学中，作为思维主体的学生，其心理状态进入最佳境界时，思维最容易被激活。语文教师一定要营造良好的教学氛围，使学生有宽松感、新奇感、表现欲，最佳的心理状态，这样最有利于激活学生的思维。那么，什么是良好的教学氛围？良好的教学氛围是课堂集体的心理气氛，是课堂师生的一种综合心理状态。这种心理气氛是积极、健康、生动、活泼的，其特征是教学关系民主、师生配合默契、学习热情高涨、学习兴趣浓厚、求知欲望强烈、学生思维活跃、互动交流热烈，学中有乐，乐中有学。营造良好的课堂教学氛围关键在教师。新课程强调教学过程是师生交往、共同发展的互动过程。在问题探讨上，教师要鼓励学生敢于说出与别人包括与教师的不同看法，要支持学生在已知答案之外探寻“新解”。教师在处理教学关系时，要做到“三欢迎，三允许”，即欢迎质疑、欢迎争辩、欢迎学生否定教师的观点，允许出错、允许改正、允许保留。

（三）注意师生的情感融通

情感也是客观事物在人脑中的反映。这种反映不是以揭露客观事物的意义为目的，而是以客观事物是否满足自己的需要为目的。情感和情绪既有联系又有区别。情绪的外部表现明显，它具有冲动性和不稳定性。所谓触景生情，这个“情”就是情绪，喜、怒、哀、乐、忧、思皆因被某种人、事、景、物触发而生，触情的因素消失了，情绪也就渐渐平和下来。情感也是情绪，是一种比较稳定、冲动性不明显、主要受认识支配的情绪。情感与人的各种需要是否得到满足相联系。心理学研究表明，热情就是一种具有巨大推动力的情感。法国作家司汤达说：“伟大的热情能战胜一切。”因此，从某种意义上说，一个人只要强烈地坚持不懈地追求，他就能达到目的。道德感、理智感、美感是由社会性需要而引起的高级情感，在人的情感因素中起主导作用。以道德感为例，它是在公与私、善与恶问题上产生的肯定或否定情感，包括国际主义、爱国主义、责任感、集体感、正义感、义务感、友谊的情感、羞耻感、同情感……情感具有动力功能，它可以激活人的思维活动。学生进行思维活动所需的情感要靠教师来调动，教师调动学生情感的主要方式就是师生之间的情感融通。在语文教学中，所谓情感融通，就是教师以对学生的爱为动力，把课文中蕴含的感情因素移至学生心中，掀起学生感情的波澜，使教师情、文中以及学生情三情合一，产生共鸣，这就是情感的融通。例如，某教师在教都德的《最后一课》时，文中有一段韩麦尔先生自责的语言："我呢？我难道没有应该责备自己的地方吗？我不是通常让你们丢下功课替我浇花吗？我去钓鱼的时候，不是干脆就放你们一天假吗？"这位语文教师在给学生范读这段课文时声调高而沉痛，眼圈红了，声音也哽住了，惹得台下的学生也屏声敛气，平时顽皮的学生红了脸，垂下头，露出了羞愧难言的神情，有的女生甚至抽泣起来。仿佛这位语文教师就是韩麦尔先生，台下的学生都成了小弗朗士。只有爱学生的教师，才会当着学生的面公开承认自己的过错。这位朗读课文的教师在读到韩麦尔先生自责的话语时，能如此动心动情，好像是在面对自己的学生感到自责。这就是教师爱祖国、爱学生的情与韩麦尔先生自责之情的交融，这股强烈的交融之情冲开了学生的感情闸门，学生在感情的波动中接受教育。语文思维教学既是高层次的理性认知活动，又是师生情感交融的重要活动。这种情感融通既有动力效应，又有智力效应。在这些心理因素的作用下，学生的思维才能最大限度地发挥作用。

（四）提高学生的审美情趣

提高学生的审美情趣，是全面提高学生语文素养的重要任务之一。《义务教育语文课程标准（2011年版）》把提高学生的审美情趣纳入提高学生语文素质这一基本理念。《普通高中语文课程标准（2017年版2020年修订）》明确指出，审美教育有助于人知、情、意的全面发展。文学艺术的鉴赏和创作是重要的审美活动，科学技术的创造发明以及社会生活的许多方面也都贯穿着审美追求。未来社会更崇尚对美的发现追求和创造。语文具有重要的审美教育功能。高中语文课程应关注学生情感的发展，让学生受到美的熏陶，培养自觉的审美意识和高尚的审美情趣，培养审美感知和审美创造能力。需要明确的是，审美活动本身就是一种思维活动，特别是形象思维、直觉思维等思维方式都要参与到审美鉴赏活动之中。提高学生的审美情趣与学生的思维品质和思维能力本质上是一件事。不要用教师的讲授代替学生的感受，要引导学生运用期待视野，在阅读中重新认识自我、分解自我、改善自我、提升自我。从思维的角度看，这种审美鉴赏中的多元解读过程本身就是一种思维发散，甚至是与思维聚合的过程。有教师执教《林黛玉进贾府》时，设计了这样一个问题："同为女性，同为很美的女性，王熙凤和林黛玉的美有无差别？"有学生说："林是一种少女美，王是一种少妇美。"有学生说："林是一种内敛的美，王是一种张扬的美。"有的说："林的美是一种灵气，王的美是一种俗气。"有的说："林的美在气质，王的美在外貌。"讨论过程中突然有学生交头接耳，文中似乎没有说林的衣着打扮，她会穿什么样的衣服？有的说："林家是大户人家，林第一次进外婆家，应该是精心打扮过的。"有的说："林很自尊、心细，不会在给人第一印象的衣着上随意的。"有的说："林是一个孤高独立、不合流俗的女子，她的衣饰应该是淡而不俗、高雅清丽的。"忽然有学生发问："文章为什么对王熙凤的着装描写细致，而对林黛玉的着装一字不提呢？"课堂又掀起了高潮。大家认为，王熙凤身份特殊，出场时就要引起他人格外关注，所以艳丽华贵的衣裳非常夺目，既符合身份，又符合性格。林黛玉略去衣着打扮的描写更显她灵秀的精神气质，清水出芙蓉，天然去雕饰。

这个教学片段是学生在教师的引导下从"美"与"衣着打扮"两个问题的出发，对王熙凤和林黛玉的性格作了比较分析。比较分析本身就是抽象思维的运用。学生在讨论中各抒己见，发表不同看法，这就是审美鉴赏中的多元解读，也就是思维发散。从对二人衣着打扮的分析入手，最后对人物的性格有了统一的认识，这就是由思维发散到思维聚合。这个教学判断充分体现了审美与思维训练的结合，加深了学生对人物性格的理解。这种训练方式既提高了学生的审美情趣，又训练了学生的思维能力。

（五）注意破除思维定式

人们在思维实践中逐渐积累了一些思维活动的经验教训，摸索出一些思维的规律，这些经验教训和规律在人们不断的使用中形成较为稳定的、习以为常的思维方式，这种思维方式就叫思维定式。思维定式的形成是有一定条件的，当其条件没有发生变化时，人们凭借着思维定式可以迅速地感知现实环境中的事物，并对这些事物做出正确的反映，这种定式思维可以使人们更好地适应环境。人们在工作、学习、生活中遇到问题时，会联想到已经解决了的与之类似的问题，然后从比较中找出新旧问题的共同特征。如果新旧问题的特征具有共通性，那么就可以用解决旧问题的办法来解决新问题，这就是思维定式在问题解决中的积极意义。按照常规处理问题的定式思维，可以省去许多摸索、试探的步骤，缩短思考问题的时间，减少思考问题的精力，提高工作学习的效率。如果从大脑皮层活动的情况来看思维过程，就会发现：思维定式的影响属于习惯性的神经联系，即先前的思维活动会对后来的思维活动施加指引性的影响，当前后思维活动的性质相同时，先前的思维活动对后来的思维活动的引导就是正确的；当前后思维活动的性质相异时，前者对后者的引导就会发生错误。心理学家迈尔做过一个实验，他对部分被试验者利用指导语给予指向性的暗示，对另一些被试验者则不给予这种暗示。结果，前者绝大多数能解决问题，而后者几乎不能解决问题。这说明思维定式能帮助解决一些问题。不过，有时思维定式也会妨碍问题的解决。有这样一个试验：将9只蜜蜂和6只苍蝇装入同一个玻璃瓶，将其平放，让瓶底向着窗户，发现蜜蜂不停地在瓶底找出口，最终力竭而死或者饿死；而苍蝇不到2分钟，就从另一端的瓶颈逃出。其原因是蜜蜂始终认为出口就在光亮处，凭着想当然设定出口方位，并不停地重复着向光亮处飞去的行为。这种思维定式捆绑着蜜蜂，使它们最终死于瓶内。而那些苍蝇没有对亮光的定式，胡乱地飞出了瓶子。

可见，在偶然中也含有必然。在环境不变的条件下，思维定式能够使人应用已掌握的方法迅速解决问题；而在情境发生变化时，它会妨碍人采用新的方法，所谓用老眼光看待新事物，就是思维定式消极影响的体现。既然思维定式具有双重性，我们就要根据需要，灵活运用思维定式，发挥它积极的一面，克服它消极的一面；既要用思维定式，又不为思维定式所牵绊。人的思维空间是广阔的，千变万化。当你觉得走投无路时，你就要反思，是不是因为定式思维，这时换一种思维方式，就一定能够找到出路。

第二节　语文教学中的形象思维与训练

一、形象思维的基本理论

（一）形象思维的定义

所谓形象思维，是指思维主体结合自己的主观认识和情感因素，在感受研究对象形象信息的基础上，借助对研究对象相关的形象信息进行分析、综合、比较、抽象、概括、想象、联想等认知加工方式，对研究对象的本质和规律进行审美判断或科学判断的思维。

形象思维的细胞是“形象”，但这个“形象”已经不是具体事物的形象，它是从具体事物中抽取出来的典型形象。它从具体事物中剔除了次要的、偶然的、表面的、非本质的东西，从中抽取出一般的、共同的、本质的东西。在艺术品中，运用形象思维塑造的形象包着作者对艺术品的审美判断。比如，林黛玉的叛逆、堂·吉诃德的脱离实际、奥赛罗的嫉妒与冲动、阿Q的“精神胜利法”，这些都是作者对作品典型人物的典型性格进行的审美判断。科学研究中的形象思维包含科学家对研究对象的科学判断。凯库勒通过实验与逻辑思维研究苯的结构式，费了很多精力和时间都毫无结果。后来，由想象咬到自己尾巴的蛇而产生灵感，终于研究出苯的结构式是环状“苯环”。“环状”也就是对“苯”的结构特点的科学判断，这个判断是从想象咬到自己尾巴的蛇的形象中受到启发而得出的。

（二）形象思维的特点

1.形象性

形象思维既然是思维，当然也必须遵循思维的一般规律，那就是由感性认识上升为理性认识。但形象思维始终离不开感性材料，形象思维要完成认识的概括和飞跃，始终要借助形象的生成和组合。它是把抽象的思想或深沉的情感熔铸在具体的形象之中。因此，形象思维最基本的特点就是形象性，事物的形象就是形象思维所反映的对象。所以，别林斯基把形象思维说成“寓于形象的思维”。刘勰在《文心雕龙》中说：“思理为妙，神与物游。”说明作家总是以自己在生活中获得的感性材料为依据，从自己认识的人、事、景出发进行形象思维，在思维过程中，既把这些人、事、景的感性形象作为思维的手段，又当作思维的对象。

形象思维的形象是熔铸思维主体情意的物象，亦称意象。意象的“意”是指内在的抽象的心意，“象”是指外在的具体的物象。“意”源于内心，但借助于外在的“象”来表达，所以“象”便成了“意”的寄托物。简言之，所谓意象是指作者不直接抒发自己的感情，不直接表达自己的思想，而是借助对一些自然景物或生活中的各种物品的描写来委婉地抒发感情，表达思想。这些蕴含感情和思想的自然景物、生活物品就叫意象。比如，李白在《蜀道难》中写了许多景物形象：有鸟道，有开山的武丁，有六龙回日，有黄鹤猿猱，有悲鸟、子规、连峰、枯松、瀑布等，这些景物片段都可以说是意象，它们连缀成为一个整体，形成豪放的气势，露出激昂的感情，使人读后为之振奋，想去直面和征服大自然的艰险。

表达形象思维的工具和手段是能为感官所感知的图形、图像、图式和形象性的符号。形象思维的形象性使它具有生动性、直观性和整体性的特点。

2.想象性

思维主体运用已有的形象创造出新形象的过程就叫想象。高尔基说：“想象、联想和幻想是形象思维的一个重要特点。”一般来说，作家总是从现实生活中获得经验和感受，获得艺术创作的基本材料。但是想象可以补充事实链条中的不足和没有发现的环节。的确，想象、联想和幻想都可以弥补作家实际生活经验的不足。艺术家不是“全知全能”的，但他又要从“全知全能”的角度去观察和感知生活的全貌、整体及运动过程，去塑造典型的人物形象和景物形象，所以不借助想象、联想和幻想是不行的。即便是面对真实的历史题材，要想把它改编成小说、戏剧电影、电视剧等文学作品，也得在真实的历史题材的主干上通过想象添枝加叶，即增加情节、丰富细节描写。陈寿的《三国志·诸葛亮传》就是真实的史料，但它叙述刘、关、张三顾茅庐仅仅用了12个字：于是先生遂诣亮，凡三往，乃见。罗贯中的《三国演义》就根据12个字通过想象自由灵活地挥洒笔墨，将其演绎成将近“两回”的内容，其间包括刘、关、张同顾茅庐的不同心态，卧龙岗上如同桃花源一般的仙境描绘，司马徽、崔州平、石矿元、孟公威、诸葛均等人的形象描写；刘备求贤若渴、礼贤下士的性格，诸葛亮的超人智慧和远见卓识的高人形象等，都跃然于纸上。这就是“想当然尔”的艺术创造，它得力于作家想象力的自由驰骋。

在艺术创作中想象又被称为虚构。鲁迅先生说文学创作可以缀合、抒写，只要逼真，不必实有其事也。想象就是虚构的手段，布罗夫说：“艺术家想象的特质在于善于以生活经验和认识为基础虚构出人生的真实画面，按照虚构人物的具体生活状况清楚地想象出他们的性格关系和感觉。”①虚构有现实主义的，也有超现实主义的。现实主义的虚构描写的形象可以是现实生活中“已然”存在的，也可以是“可能”存在的。

3.情感性

情感是对客观事物是否满足人们需要的态度上的反映。客观事物与人的需要之间的关系不同，人对客观事物的好恶态度也有所不同。比如，对好人好事流露出喜欢赞扬，对坏人坏事流露出憎恶反感。包括形象思维在内的一切思维活动都要受到情感活动的驱使与制约，在艺术形象的塑造中一定会渗透作者的感情色彩，有明的，有暗的，有直接的，有间接的。所谓文贵情真、寓情于景、情景交融，“一切景语皆情语”，这些艺术创作中的说法都关乎一个“情”字，“情”为文之魂。形象思维中的形象塑造要借助想象和联想，而想象联想要靠情感来推动。可以说，形象思维的动力是情感，形象思维的材料与内容也是情感。

正如法国心理学家李博所言，艺术性的创造有两道情感之流：一道构成激情，这是艺术的材料；另一道激起创造的热情，随着创造而发展。②虽然，科学家、哲学家也要依靠情感来推动行动、激发思维，但情感并不注入思维的对象，他们如果需要客观地面对研究对象，就必须避免主观性，排除情感对象对思维的干扰，这样才有可能获得科学的结论。科学家研究动植物，不需要把自己变成猪马牛羊、花草树木，而艺术家描绘猪马牛羊、花草树木，

①陈丽，邬元萍.初中语文教学与课堂策略研究［M］.长春：吉林人民出版社，2021.

②张彬福.初中语文课堂教学设计［M］.北京：同心出版社，2007.

就要将自己的感情倾注在这些动物和植物身上。法国小说家乔治·桑说：“我有时逃开自我，俨然变成一棵植物，我觉得自己是草，是鸟，是树顶，是云，是流水，是天地相接的那一条水平线，觉得自己是这种颜色或那种形体，瞬息万变，去来无碍。我时而走，时而飞，时而潜，时而吸露。我向着太阳开花，或栖在叶背安眠。天鹅飞举时我也飞举，蜥蜴跳跃时我也跳跃，萤火和星光闪耀时我也闪耀。总而言之，我所栖息的天地仿佛全是由我自己伸张出来的。”[①]可见，艺术家就是这样带着情感来观察和感受自然的，他们与自然已经浑然一体，物我统一。作家塑造人物通常把自己也摆了进去，写的是作品中的人，含的是作者自己的情。汤显祖写《牡丹亭》就是这样，当他写到春香祭奠亡故的杜丽娘时，仿佛自己就是春香，竟然跑到庭院的柴草堆上去痛哭一场。鲁迅先生写阿Q，是对国人认知做剖析，看似冷静，其实也体现了“哀其不幸，怒其不争”的情感。作者的感情活动有时是在明确创作意图时就确定好了的。列夫·托尔斯泰在修改他的长篇小说《复活》前这样说：“要修改就必须描写他和她的情感生活，对她的一一肯定而严肃，对他的一一否定而嘲笑。”托尔斯泰就是这样，他把自己对创作中的人物形象的态度和感情贯穿于整个形象思维过程，渗透于整个艺术形象。

4.典型性

形象思维的细胞是“形象”，但这个“形象”已经不是具体事物的形象了，它是从具体事物中抽取出来的典型形象。它从具体事物中剔除了次要的、偶然的、表面的、非本质的东西，从中抽取出一般的共同的、本质的东西。这样创造出来的艺术形象既有具体、生动、鲜明的个性特征，又具有能揭示社会生活本质、充分表现重大意义的普遍性。总之，它是借助现象反映本质，借助个性反映共性，写一人，代表一群。可见，形象思维的形象一定是典型化的形象。高尔基说过：“光描写现存的事物还不够，还必须记住我们所希望的和可能产生的事物，必须使现象典型化，应该把微小而有代表性的事物写成重大的和典型的事物——这就是文学的任务。”典型化的普遍方式就是如鲁迅所说的“杂取种种”。高尔基有类似的说法，他在《谈谈我怎样学习写作》一文中说：“假如一个作家能从二十个到五十个，以至几百个

①黄丽玉.初中语文教学知与行［M］.上海：同济大学出版社，2022.

小店铺老板、官吏、工人中每个人的身上，把他们最有代表性的阶级特点、习惯、嗜好、姿势、信仰和谈吐等抽取出来，再把他们综合在一个小店铺老板、官吏、工人的身上，那么这个作家就能用这种手法创造出典型来——而这才是艺术。”高尔基这段话，是以人物的典型化为例。说明了在形象思维活动中，塑造典型人物的意义和方法。那就是要从塑造的一个人物身上能概括出一定阶级的一定人群的性格特征。艺术作品中的人物是根据实际生活中的原型进行的广泛概括，但它又不同于实际生活中的原型，它比现实生活中的原型更高、更集中、更典型，因而更具有普遍性。但有些生活中的原型在未进入作品之前本身就很典型。如《卡巴耶夫》中的卡巴耶夫、《钢铁是怎样炼成的》中的保尔·柯察金，他们在生活中的原型分别是卡巴耶夫、奥斯特洛夫斯基。这两个生活原型本来就典型。

5.渗透性

所谓渗透性是指形象思维与其他思维是互相渗透、互相推移的，通常与抽象思维结合使用。

抽象思维中要渗透形象思维。以文学创作为例，作家从事文学创作主要用形象思维，这是无疑的。但是，作家在创作中怎样去认识生活、怎样去表现生活，这就要受他自身的世界观、人生观、价值观、伦理观、道德观、文艺观的影响，受社会风气和社会思潮的影响。这就注定了文学创作一定会渗透抽象思维活动。作家塑造人物形象还要把形象摆在现实生活中去考察他的社会关系、阶级关系，思考人物形象的政治意义和道德意义。甚至把作品的整个内容与现实生活的形势或历史发展的倾向联系起来进行分析研究。有时根据刻画人物身份性格的需要，还要让塑造的人物做政治演讲和道德说教，做科学说明甚至数字计算。所有这些，都要借助抽象思维的渗透。形象思维主要用于艺术创作，特别强调形象性、想象性、情感性、典型性。但形象思维只是粗线条地反映问题，只是从整体上把握问题，对问题的分析也只是定性的分析或者半定量的分析，能给出精确数量关系的只有抽象思维。所以，虽然在艺术创作中是以形象思维为主，但也不可避免地要将抽象思维与形象思维巧妙结合。

抽象思维中渗透进象思维，形象思维中也可以渗透抽象思维。形象思维在科学研究中具有认识与发现作用、解题作用与创造性作用。抽象思维借助形象思维产生创新思想，引发科学发现；形象思维协助抽象思维完成科学发现。爱因斯坦用形象思维做了这样一个实验：在一个自由漂浮于星际空间的封闭房间里，房间被装在它下面的火箭上进行加速，房间里所有的物体都会被压向地板，像有引力把它们往下拉，有一个人站在这个以匀加速度a运动的空间实验室里，他手上有轻重不同的两个球，同时松开这两个球，由于这两个球都已不与火箭体相连，它们以松手瞬间所具有的速度做匀速直线运动，因此保持并排的位置，但火箭运动是加速的，室内地板很快就会赶上这两个球，并同时碰到它们。在室内观察者看来，这两个球是以相同的加速度向地板运动的，从而得出加速度与引力等效原理。这个典型事例充分说明：抽象思维借助形象思维产生了创新思想，引发了科学发现。

6.非逻辑性

抽象思维加工信息是一步一步、线性地进行的，进行过程中是首尾相连接。形象思维可不是这样，形象思维可以调用许多形象性材料，将这些材料加以整合，形成一个新的形象，或者由一个形象转换到另一个形象。它加工信息的过程不是系列加工过程，而是平行加工过程，是平面性的或立体性的。它能够使思维主体很快地从整体上把握问题的实质。这些就是形象思维非逻辑性的特征。在科学研究中，形象思维这种非逻辑性特征有着抽象思维不可替代的作用。

阿基米德朝思暮想。要找到解决鉴别皇冠黄金纯度的方法，正当焦头烂额、一筹莫展之际，由进入浴池感受到浮力和浴池水位上升而产生灵感，凭借形象思维终于解决了在实验室用单纯的逻辑思维方法没能解决的问题，顿悟到鉴别皇冠黄金纯度的方法以及发现浮力定律——阿基米德定律。这说明形象思维的非逻辑性特征对于科学的发现与发明创造有着抽象思维不可替代的作用。当然，形象思维是或然性或似真性思维，思维的结果有待于逻辑证明或实践检验。

（三）形象思维的作用

人要想正确认识世界和客观反映世界，就不能没有形象思维。形象思维运用范围广泛。艺术创作与艺术鉴赏自不必说，科学研究企业经营管理、学校教育均离不开形象思维。那种认为“科学家用概念来思考，而艺术家用形象来思考”的观点是一种偏见。科学研究通常是形象思维与抽象思维的结合。诺贝尔物理学奖获得者格拉肖说过：“在我们研究物理问题的时候，通常会见到现实世界的各种形式，对世界或人类社会的事物形象掌握得越多，越有助于抽象思维。”物理学中就有许多各式各样的形象模型，比如磁力线、电力线、原子结构的汤姆生枣糕模型和卢瑟福小太阳系模型，这些模型均为抽象思维与形象思维相结合的产物。具有极其强大的抽象思维能力的爱因斯坦，就反对把抽象思维方法当作唯一的科学方法，他运用形象思维构思了种种理想化实验。他的广义相对论的创立就起源于想象。有一天，他坐在伯尔尼专利局的椅子上，突发奇想，假如一个人自由下落，他是感觉不到自己的体重的。爱因斯坦说，这个简单的理想实验“对我影响至深，竟把我引向引力理论”。高度发达的形象思维也是企业经营管理的强大思想武器，是企业家在激烈复杂的市场竞争中克敌制胜的法宝。离开形象信息和形象思维，企业家得到的信息很可能就是间接的、过时的，而且极有可能是不确切的，这样他就以进行科学的决策。学校的各学科教学，尤其是语文教学更要用到形象思维。教会学生运用形象思维去学习，这是教育特别是语文教育义不容辞的责任。①

二、在语文教学中训练形象思维能力

（一）训练形象思维能力的意义

说到思维能力的培养，就不能只想到抽象思维，而忽视形象思维。须知，这两种思维能力的培养应该是相得益彰、相辅相成的。如果没有形象来支撑，抽象思维的发展就会受到影响。现代大脑科学研究证明：人脑是由左右两个半脑组合而成的，左半球主管语言、逻辑、数字的运用，右半脑主管音乐、美术、空间的知觉辨认。从思维角度看，左脑主管抽象思维，右脑主管形象思维。人的思维活动正是在左右两个半脑的共同配合下完成的。教学特别是语文教学，要最大限度同时开发学生的左脑和右脑，这样学生的抽象思维能力和形象思维能力方能齐头并进。

形象思维对于学生的语文学习有着特殊的意义。语文教材中大量的选文

①温寒江.形象思维与中学语文教学［M］.北京：教育科学出版社，2016.

属诗歌、小说、戏剧、散文，这些文学作品的创作主要是借助形象思维，学生对这些作品的鉴赏也主要靠形象思维。学生的记叙文写作训练，特别是诗歌、散文的写作训练，从立意选材到布局谋篇，再到遣词造句，每一个写作环节都离不开形象思维。这说明语文学习需要借助形象思维，也说明语文学习对于发展学生的形象思维能力具有得天独厚的优势。学生有了形象思维能力，不仅可以帮助他学好语文，而且可以帮助他学好其他学科。比如，学生学习数理化的过程也是形象思维与抽象思维交错进行的过程。一位小学数学教师在教学“四则运算”与“简便计算”这两个单元时，一些学生对何时进行递等式计算，何时进行简便计算发生混淆。于是，这位教师把脱式计算比喻成“水牛”，把简便计算比喻成“拖拉机”（耕地又快又好）。“水牛”好比四则运算的一般算法，虽然慢，但是在水田必须用“水牛”而不能用拖拉机，要根据“田地”的特点决定是用“水牛”还是“拖拉机”。这位教师用具体形象的“水牛”“拖拉机”打比方，使学生恍然大悟，明白了简便计算的重要思路：先观察数的特点，再根据运算定律进行计算。形象思维还能帮助学生轻松地打开解题思路。

形象思维的运作机制是无论创作还是鉴赏始终离不开形象，形象要借助想象与联想，想象与联想要靠情感来推动。因此，形象、想象、联想、情感是形象思维的四大要素，也是形象思维的运作机制。因此，语文教学中培养学生形象思维能力主要是培养感受和描写形象的能力、培养想象能力、培养联想能力，从而学会把握审美情感。

（二）训练形象思维能力的途径

1.训练学生感受形象与描绘形象的能力

如前文所言，事物的形象就是形象思维所反映的对象。语文课中诗文的形象主要指文学作品中的语言形象，即以语言为手段而形成的文学形象，是作者的美学观念在诗文中的创造性体现。形象的具体因素包括环境、人物、场面、情节等。形象思维的第一要素是形象，训练学生的形象思维，就要引导学生从诗文的阅读中去感受形象，从诗文的习作中去再造或创造形象。

（1）训练学生在阅读中感受形象

文学形象具有知觉、表象和想象所能把握的生动可感的属性。它不同于科学上标示抽象一般的种类、性质的图示和模型，而是表现为具体、生动、独特和个别的形态，或是一片景象，或是某个人物。

引导学生感受景物形象，就要让他们感受形象的意蕴，从景物形象中窥探作者的情感世界，看作者怎么借助景物形象来表情达意。比如，教杜甫的《登高》，针对颔联“无边落木萧萧下，不尽长江滚滚来”两句，教师首先要让学生自己从阅读中归纳出两种景物：一是落木；二是长江。教师告诉学生，杜甫生于公元712年，卒于公元770年，活到55岁时，也就是去世前3年，多病时登台写的这首诗，然后让学生由树及人展开联想，去揣摩杜甫面对晚秋落叶飘零之景的感受。学生自然会领略到景中所含之情：自然的晚秋象征着人生命的晚秋，落木萧萧之景正蕴含着杜甫感叹生命短暂之情。接着，教师让学生去领略长江之景的意蕴，让学生联系苏轼的“大江东去，浪淘尽，千古风流人物”，从“不尽长江滚滚来”中理解到杜甫对历史长河永不停息的感悟。最后，让学生把两句诗描写的两种景物联系起来思考，就不难发现，杜甫将落木与长江对照，意在借历史长河的久远来反衬人的生命的短暂。字里行间，虽然含无可奈何之意，但亦有生老病死乃自然规律的达观。

引导学生把握人物形象，就要透过形象认识人物的典型性格，进而体悟作者的审美感受和全文的主题思想。比如教《装在套子里的人》，教师可先让学生通过阅读整体感知课文，抓住“套子”理出小说的情节结构，让学生初步认识别里科夫表里如一的“套子式”的性格特征，然后采用探究合作的方式让学生深入理解别里科夫的人物形象。

（2）训练学生在写作中描绘形象

学生作文少不了记人叙事、写景状物，这必然涉及形象的描绘，这在写作教学中是训练学生形象思维的重要环节。训练形象描写可以与阅读鉴赏教学结合进行。写作开始不一定成篇，可先练习写片段。

训练学生在阅读鉴赏中模仿创新形象。陆机在《文赋》中说“袭故而弥新”“沿浊而更新”，刘勰在《文心雕龙》中写“夫青出于蓝，绛生于茜，虽逾本色不能复化”，这些都是模仿中的创新。人们在学习和实践中积累起来而储存在大脑中的知识单元，被思维科学称为“相似块”，这种“相似块”大量地存在于客观事物和认识主体的思维活动中。所有的创新都是相互套在一起，由小到大、由低级到高级的综合相似块或更大的体系。创新通常就在于发现两个或两个以上的研究对象，设想之间的联系或相似点。阅读鉴赏就是帮助学生储存和丰富大脑中的相似块。写作中的模仿就是大脑中的相似块自动汇合、接通、激活的过程，而从中产生的同中异变，便是推陈出新的思维成果。课文的迁移训练实际上是模仿创造技法在作文教学中的运用，是一种读写结合的有效方式。在模仿中创新，就是要以读带写，以写促读，在阅读中渗透作文。学生学习描绘形象的训练，完全可以采取模仿课文的方式进行，训练的关键在于教师要加强指导。

朱自清《荷塘月色》中有一段描写荷塘下面月色的名句：层层的叶子中间，零星地点缀着些白花，有袅娜地开着的，有羞涩地打着朵儿的；正如一粒粒的明珠，又如碧天里的星星……

针对这段描写，教师指导学生仿写可按以下步骤进行。首先设计一个问题：请仿照上面这句话，另选一种景物进行描写，要求用上面这句话的基本句式，并运用排比、拟人和比喻的修辞手法。为了有效地完成这一仿写训练任务，教师要引导学生对这句话的基本句式、修辞手法作具体分析，为后面的仿写提供依据。通过分析，学生可明确“层层的叶子中间，零星地点缀着些白花”，这是点出描写对象——荷花；“有袅娜地开着的，有羞涩地打着朵儿的”，这里是两个拟人句，拟的是少女的姿态和情态，富有神韵，惹人爱怜，将一个状动结构和一个状动宾结构分别放入“有……的”句式之中，“正如一粒粒的明珠，又如碧天里的星星……”，这里连用比喻构成排比句，描摹淡月下荷花的美感，“明珠”比喻淡月辉映下荷花晶莹剔透的闪光，“碧天里的星星”比喻绿叶衬托下的荷花忽明忽暗的闪光。

弄清了仿写对象的基本句式和修辞手法后，教师再进行仿写示范引路，并作扼要分析：悠悠白云中，隐约地横亘着一座座青山（点出描写对象青山）。有腼腆地躲进雾霭的，有大方地露出真容的（两个拟人句拟出山或隐或显、扑朔迷离的朦胧美），正如一柄柄直指碧空的利剑（比喻山挺拔高俊），又如苍穹中腾飞的一条条巨龙（比喻山形的绵延起伏），又如一道蜿蜒的绿色屏障（屏障比喻山紧连着山、岭紧挨着岭的态势）。

这就写出了云雾中山的美感。完成以上两个步骤后，就可以让学生做仿写训练。然后，教师可对学生仿写的片段进行讲评。

训练学生在阅读鉴赏中再造艺术形象。在文学文本中，在人物性格、对话、生活场景、心理描写细节等方面都存在许多空白和未定点，这些空白和未定点本身就提供了再创造的可能性和限度，这是对读者的一种召唤和等待，召唤读者在可能范围内充分发挥再创造的才能，这就是艺术作品的召唤结构，或者叫结构的召唤性。“画了鱼儿不画水，此间自有波涛”，这没有画出来的波涛，这意会中的波涛，就是艺术空白。凡艺术均有空白，绘画的虚笔，建筑的借景，音乐旋律的歇拍，电影、电视的空镜头，书法的笔断意连，文学作品的模糊性，均是艺术空白。艺术家们通常通过“空白”和不完满的形，给欣赏者以无限的想象空间，以达到更佳的效果。比如，陶渊明《饮酒》诗中有“采菊东篱下，悠然见南山”一句，该句中陶渊明所见的南山之景并未明确地描写出来，这就是一个艺术空白。

在综合性学习训练中丰富学生形象。综合性学习实践活动作为一种课程被纳入语文学习，作为教学目标的五大板块之一，使语文课程由封闭走向了开放，意义深远。语文综合性实践活动能够很好地使语文自身的听、说、读、写活动实现有机统一，与生活实现紧密连接，与其他学科实现交叉整合，并且能够使书本知识学习与实践运用实现紧密结合，因而在语文综合性学习实践活动中训练学生的思维能力较之其他语文活动具有更广阔的空间，训练的灵活性、综合性、多元性更强。形象思维是综合性学习的起点。形象是人的大脑对外界事物的印象，这种印象通常可以借助物化的形式再现。因此，教师在开展语文综合性学习实践活动时，要创设问题情境，丰富学生形象。

2.训练学生的想象力与联想力

在形象思维中，无论是感受形象，还是描绘形象，都要借助想象与联想。想象与联想是形象思维的主要加工方式，因此培养形象思维能力，就要培养学生的想象力与联想力。

在识字教学中训练学生的想象力。汉字符号是单一、表象、修辞的符号。汉字既具有十分鲜明的形象性特点，又具有丰富的文化内涵，蕴藏着汉民族的思维方式、审美观念、社会心态和价值取向。所有这些决定了汉字能给人以广阔的想象空间。正如世界著名的汉学家高本汉所说：“中国文字是真正的一种中国精神创造力的产品，并不像西洋文字是由古代远方的异族借得来的，它有丰富悦目的形式，使人能发挥无穷的想象，不像西洋文字那样质实无趣。”比如，我们从一个“飞”字，仿佛能看到一种飘飘欲仙的神态，从一个“饭”字，让人想到“民以食为天”，想到“兵马未动，粮草先行”。因此，识字写字教学还能训练学生的想象。

在识字教学中训练学生的联想力。汉字本来就是“物与形”“理与字”的联想的产物，所谓“依类象形”“分理别异”就是这个道理。因此，识别汉字最容易引发人的联想。教师可以引导学生借联想辨别部首帮助识写一类文字。比如，以“木”字为基础，可联想到“杆”“桂”“标”“梧”“树”；以“心”为基础，可联想到“思”“想”“念”“愁”“息”；凡与太阳有关的字，均有一个“日”旁；凡与语言有关的，都有一个“讠”旁；凡与水有关的，必有一个“氵”旁。根据汉字音、形、义三位一体的特点以及六书的造字方法，在识字教学中可以凭借生活积累及知识储备，从汉字的原型出发，展开由此及彼、由近及远、由浅入深的联想，以理解汉字的形、音、义。教师可借联想构建字形字义的联系，编写字谜让学生猜，使学生在猜字谜的过程中识记生字。学生随着识字量的增加、知识面的扩大、生活经验的丰富，可通过联想自创谜语来认识生字。如：学习“奋”字，学生编出“一群大雁田上飞”；学习“美”字就编出“羊字没尾巴，大字在底下”；学习“金”字就可以编出“一个人，他姓王，口袋里装着两块糖”。教师可通过直观手段、形象语言，把一个个抽象的汉字演绎成一个个生动的故事，描绘成一幅幅有趣的图画，激活学生的思维创造力。这样做既能体现语文课的趣味性，又能增强识字效果。

利用偏旁部首记字。汉字中有很多合体字，教授这些字就要依据形声字和会意字的造字特点，让学生加一加、减一减、换一换，以使其快速熟练地记住。特别是形声字的识记规律，一定要灵活地通过不断的训练，让学生牢固掌握。

第三节　语文教学中的抽象思维与训练

一、抽象思维的基本理论

（一）抽象思维的定义

所谓抽象思维，简单地说，是指借助概念判断和推理、认识和反映事物过程的思维方式。有的研究者把抽象思维称为抽象逻辑思维、逻辑思维或分析思维。它与形象思维相对应，是思维主体结合自己的主观认识和情感因素，在感受研究对象形象信息的基础上，以语言、文字、符号、数字等为思维载体，以抽象分析分类等为基本过程，通过分析、综合、比较、抽象、概括等认知加工方式，揭露事物的规律和本质的思维活动。抽象思维可以分为形式逻辑思维与辩证逻辑思维两种思维形式。所谓形式逻辑思维，就是凭借概念和理论知识，并按照形式逻辑的规律进行的思维。这种思维形式是概念、判断和推理。所谓辩证逻辑思维，就是凭借概念和理论知识，按照辩证逻辑的规律进行的思维。形式逻辑思维是对相对稳定、发展变化不大的客观事物的反映；辩证思维是对不断发展变化的事物的反映。抽象思维是人类最主要、最基本的一种思维方式，因此语文学习离不开抽象思维。不仅议论文、说明文等文体的读写训练离不开抽象思维，散文、小说、诗歌等文学作品的读写训练也离不开抽象思维。

（二）抽象思维的特点

关于抽象思维的特点，不同的学者从不同的角度出发，有不同的说法。我们认为，抽象思维的特点有如下几个方面。

1.抽象思维的普遍性

抽象思维在构成概念时，舍去了事物的具体形象，通过分析、综合、抽象、概括等基本方法协调运用，揭露该事物的普遍性——本质和规律性的联系。它抽取的是客观事物一般的、本质的、规律性的东西，舍弃了事物个别的、现象的、偶然性的东西，故而只反映事物的一般属性和普遍性（共性），而不反映其特殊属性和个性。它使概念不再包含对象内部的矛盾性、差异性、多样性和特殊性，而是抽象的同一。例如，面对五颜六色的苹果、柑橘、香蕉、菠萝……却只说是“水果”，甚至说是“植物的果实”；面对千姿百态的大雁、海燕、白鹤、天鹅……却只说是“飞禽”，甚至说是“鸟纲”。“水果”或“植物的果实”及“飞禽”或“鸟纲”等，就是从这些相应事物中抽取出来的，能够反映这些事物本质的普遍性。当人们面对“水果”或“植物的果实”，面对“飞禽”或“鸟纲”等抽象概念的时候，似乎有一种“枯燥”“冷冰冰”的感觉，似乎它超越了眼前看到的现实，甚至是“脱离”了它们。这种感觉是很正常的。抽象思维作为一种重要的思维类型，是在分析事物时抽取事物最本质的特性而形成概念，并运用概念进行推理、判断的思维活动。逻辑思维的普遍性能帮助人们在思维过程中做到概念明确、判断恰当，为人们超越自己的感官去认清宏观或微观、快速变化的世界提供了可能。如果没有抽象思维的普遍性，就不能准确界定概念及概念与概念间的关系，这种可能就无法变成现实。

2.抽象思维的严密性

抽象思维最重要的特征是思维系统的严密性。抽象思维的严密性表现为其规范性、必然性、规则性、可重复性。抽象思维的方法是一个多层次、形式化的系统方法。它由一个被形式化了的公理系统组成，在这个公理化系统中，包含着许多逻辑思维的形式和逻辑规律，它的每个组成部分的构建和功能都是为整体服务的。在系统内部的各个组成要素之间存在着有机的联系，而且系统与外部因素之间也有着某种程度的联系。随着逻辑科学的进一步发展，这个系统将变得更复杂、更严密。

抽象思维注重纵向集中的线性过程，追求结论的有效性，因而思维进程的每一步都要有充分的依据，都必须采取肯定或否定的形式，有严格的真假规定。故而它的思维进程从一开始就是在实现目标所规定的区域内进行的，有条不紊，循序渐进，步骤严密，且具有很强的说服力。其结果可以由以往思维进程的每一步验证。抽象思维的规范性不仅表现在它自身内部，还表现在它的检验与反思功能上，主要是在假说的形成和对科学认识结果的证明过程中，这些都需要建立在推理和论证正确、可靠、严密的基础上。

3.抽象思维的稳定性

抽象思维着重研究的是对象的质的规定性和矛盾发展的相对的稳定性。它以有序的思考方式，提出问题并验证解决问题。它的每一步都有严格的时间渐进顺序，“概念—判断—推理”的过程是不能跳跃前进的，即使在推理的省略式中，其省略的部分也是思维者心中自明的。任何事物在其发展、变化的过程中，都存在着自身的质的规定性，即相对稳定、静止的状态。这种事物本身所具有的运动的普遍性和静止的相对性，决定了人们的抽象思维活动既要反映事物内部及事物之间的运动、联系，也要揭示事物在某一方面或某一发展阶段上的有条件的确定性和稳定性。逻辑思维的确定性和稳定性能帮助人们发现偷换概念、转移论题、自相矛盾等这些看似简单的逻辑错误，帮助人们在思维过程中做到概念明确、判断恰当、推理合乎逻辑和论证有力。由此，不少文章认为逻辑思维是机械化的思维，其程序是封闭式的推导，任何中断、飞跃、逆转的运作方式都不属于逻辑思维的范畴，得出逻辑思维是僵化、保守及不能带来新知的思维。这显然是片面夸大了逻辑思维的有序性、相对确定性和稳定性。思维是客观现实的反映，而客观现实既有其相对稳定、不大变化的一面，也有其不断运动和不断发展变化的一面。形式逻辑思维是对相对稳定、不大发展变化的客观事物的反映。所以说，抽象思维具有稳定性的特点。

4.抽象思维的层次性

抽象思维通过抽象形成概念、判断、推理，其抽象能力可分为以下三个层次。

（1）表征的抽象

表征的抽象是初始层次的抽象，是对事物表面现象的特征进行的抽象，抽取出来的主要是事物的表面特征中的共性。例如，竹门、木门和铁门都是门，“门”就是抽取出来的事物表面特征中的共性，这个概念反映了所有门的普遍属性。在语文教学中训练学生形成概念，有利于学生在今后的学习和生活中更好地解决问题。

（2）本质和规律的抽象

本质和规律的抽象是深层次的抽象，是对事物内在本质和规律的抽象，因此抽象的结果通常是定理、定律或原理等。例如，“浸在流体中的物体受到一个支持力，其大小等于该物体所排开的流体重量”和“行星在椭圆轨道上绕太阳运动，而太阳位于椭圆的一个焦点上”这两个定律有一个显著的共同点，即它们不仅概括了观察到的事实，还包含了一些重要的概念，诸如“支持力”“椭圆”等。这些概念不是直接观察的产物，而是逻辑思维的独特产物和工具，有了它们，规律得以显现，知识得以简化。这就是对逻辑思维的本质和规律进行抽象的结果。

（3）形式结构的抽象

形式结构的抽象是更深层次的抽象，是对各种在内容上截然不同的事物所具有的共同形式结构的抽象，其抽象的结果与表面上的共性有本质区别。表面特征的抽象结果是可以被直接感知的，而形式结构上的共性是不能直接感知的。形式结构的抽象是最高层次的抽象。

（三）抽象思维的功能

抽象思维可以帮助人们清楚地熟悉和把握直观感知的形象，并使人们对形象的感知得到促进和深化。抽象思维规范引导着人们的形象思维，帮助人们分析、审阅形象结构。总而言之，抽象思维能够规范和引导人们学习各科知识，建立学科体系，开展创新活动。

1.靠抽象思维学习各科知识

有关方面的材料证明，目前教学上运用抽象思维方法的概率是运用形象思维方法的几十倍。这说明抽象思维在学习各科知识的过程中发挥着重要作用，抽象思维在教学中占有绝对优势。在目前学校各门课程学习活动中，学生需要大量地进行阅读、写作、计算、分析、逻辑推理和言语沟通等，其过程主要是以语言、逻辑、数字和符号为媒介，以抽象思维为主导。这些活动都是着重于左脑功能的发展。因此，学生想要学习好必须发展大脑左半球的功能，重视言语思维能力，学会并善于运用抽象思维方法，这也是学习成功的基本条件。在学习中，抽象思维的作用是十分重要的。任何一门学科中的公式、定理、法则、规律，都必须通过抽象思维才能把握和运用。所以，一定意义上说，掌握知识的过程，就是运用抽象思维，即掌握概念判断和推理的过程。

2.凭抽象思维建立学科体系

观察事实的简单堆积不是科学，定律的简单汇编也不是科学。如果把观察事实比作第一层的砖瓦，科学便可以看作宏伟大厦，定律只是第二层次的组装结构。一旦能够覆盖所有定律的一两个主定律诞生，便标志着一门科学的成熟，这就是二次飞跃，即由定律到理论的飞跃。有了逻辑推理，无次序的定律出现了次序，定律变成了定律链，后一个总可由前面的定律派生出来，处在链的最前方的便是主定律或公设。不仅如此，借助于逻辑推理，人们还能派生出新的定律。在理论形成之前，定律是科学家千辛万苦发现的，而在理论形成之后，定律可以是一个中等智力的人所推导和派生的。欧几里得几何学的诞生就是运用这种方法的典型。欧氏的新贡献并不是在几何定律的集合中又增加了新的一条，而是实现了知识的二次飞跃，把定律的集合进化为几何理论。正是基于这种整理和简化，一个学科体系得以建立，一个中学生有望在半年之内掌握全部几何定律，从而使人类的文明得到更好的传播和发扬。

（四）借抽象思维开展创新活动

创新活动是指通过对现有事物的观察、分析、综合、推理、想象，突破原有知识的范畴，发现新规律，提出新方法，创造新产品、新成果，解决新问题的过程。任何创新活动都必须遵循客观规律和逻辑法则，违反了逻辑就不可能有任何真正的创新。因此，创新活动与抽象思维是密切相连的，真正的创新活动通常是从抽象思维开始的。抽象思维对开展创新活动的作用主要表现在引导调控创新目标、直接产生创新结果和准确表达创新结果三个方面。

1.引导调控创新目标

思维主体在发现新问题之前，思维处于非逻辑思维状态，非逻辑思维就像天空中自由展翅的鸟，无拘无束地自由飞翔，即思维主体的思维处于自由浪漫而又杂乱无章的状态。但无序的自由的思维状态不会无休止地持续下去，当思维主体的思维运行到一定阶段时，就会从无序的思维中捕捉到某个闪光点，无序的思维就会转化为抽象思维。这时，抽象思维中的同一律、矛盾律与排中律对思维的发展起着重要的引导调控作用，凭借逻辑规律的引导才会明确创新的目标，才会有创新的发现。例如，同一律具有客观性和必然性，它强制性地规范着思维主体的思维，引导和调控思维主体在研究出结果之前，思维研究的创新必须专注于一个中心，不能随意转移到其他问题上，否则会走入思想的误区，远离创新目标。矛盾律的作用是保证思维主体对思维的前后一贯，任何包含逻辑矛盾的思想都是不符合实际的，必须遵守矛盾律的要求，将逻辑矛盾排除之后，才能得到创新或新发现。如“物体下落的快慢与物体自身的重量成正比”的观点，把人们的思维桎梏近两千年，而伽利略发现了其中的逻辑矛盾并将其排除，由此发现了自由落体定律。这个创新的发现，正是运用了抽象思维中的矛盾律的结果。排中律是人们认识事物、发现真理的一个必要条件，因为任何正确的认识都同思想上的摇摆不定、含糊其词是相互排斥的，当问题是两个相互否定的思想时，排中律就要求人们选其一为真。如不选择的话就会导致含混不清，无法得到正确的认识，也不可能得到创新性的认识。

2.直接产生创新结果

抽象思维方法主要有假说、类比、归纳等。假说就是根据已知的科学事实和科学原理，对所研究的各种现象及其规律提出的推测和说明，得到一个暂时的但可以被接受的解释。假说的产生说明一个新的事实被观察到了，这使得过去用来说明和它同类的事实的方式不适用了，从这一瞬间起，这个新的事实就需要得到新的说明。进一步地观察材料会使这些假说纯化，取消一些，修正一些，直到最后纯粹地构成定律，产生创新结果。类比即从两个或两类对象具有某些相似或相同的属性事实出发，推出其中一个对象可能是有另一个或另一类对象已经具有的其他属性的思维方法。这种方法所得出的结论虽然不一定很可靠、精确，但富有创造性，通常能将人们带入完全陌生的领域，并给予许多启发。通过类比思维，在类比中联想，从而升华思维，既有模仿又有创新。发明创造中的类比思维不受通常的推理模式的束缚，具有很大的灵活性和多样性，是一种或然性极大的抽象思维方式。它的创造性表现在发明创造活动中人们能够通过类比已有事物开启创造未知事物的发明思路，其中蕴藏触类旁通的含义。所谓归纳，是指从许多个别的事物中概括出一般性概念、原则或结论的思维方法，是从个别事实中概括出一般原理的思维方法。它从对个别事实的考察中，概括出其中的一般规律，然后套用到同类事物上进行验证，从而断定这个由个别事物中概括出的规律，也是该同类对象的共同规律。这是从个性中寻求共性的思维方法，它能够从大量观察、实验得来的材料中发现自然规律，总结出科学定理或原理，也能够从科学事实中概括出一般规律，提出新的科学假说和理论。

3.准确表达创新结果

抽象思维与人们的日常思维、语言表达、交流推理论证等有着密切的联系。从抽象思维规律对准确表达创新结果的作用看，同一律强制地规范着创新者的思维，同时通过规范对思维过程或思维成果的语言表达来保证思维的同一性；矛盾律规定了创新者保证思维的前后一贯，在表达的创新结果中，相互否定的思想不能同时为真，必有一假，否则它就不是一个完善的理论，没有逻辑矛盾的新理论才是创新的或新发现的；排中律也对创新结果的表达有着重要作用，它规定了创新结果的表达“在同一思维过程中，相互矛盾的思想不能同时为假，必有一真”，如果含糊其词，表达不清，就不是创新结果。从抽象思维方法角度看，创新主体必须运用逻辑方法对创新的结果提出新的概念，并提出明确的界定和分类。概念的逻辑方法涉及定义、划分、限制和概括；定义是揭示概念内涵的方法，它可以消除或限制语言的模糊性和歧义性；划分是把属概念所包含的种概念揭示出来，进而明确属概念外延的逻辑方法；限制是通过增加概念内涵以缩小其外延来明确概念的逻辑方法；概念的概括则是通过减少概念的内涵以扩大其外延来明确概念的逻辑方法。人们可运用概念进行判断推理、论证创新结果，确保创新结果表达的科学性和准确性。

（五）抽象思维的形式

抽象思维是人们在认识活动中运用概念、判断推理等思维形式，对客观现实进行间接的、概括反映的过程。概念、判断的思维形式是抽象思维的重要特征，属于理性认识阶段。

1.概念

概念是反映思维对象的特征及本质属性的思维形式，是反映事物本质属性的思维产物。概念所反映的对象的本质属性，被称为概念的内涵，是概念的质。概念所指的属性的对象被称为外延，是概念的量。概念的内涵与外延是互相制约的。一个概念，内涵确定了，外延也随之确定了；外延确定了，在一定条件下内涵也随之确定了；概念的内涵增加了，其外延就缩小了；反之，概念的外延扩大了，其内涵就减少了。任何概念都是内涵与外延的统一体。抽象思维凭借科学的抽象概念对事物的本质和客观世界发展的深远过程进行反映，使人们通过认识活动获得远远超出靠感觉器官直接感知的知识。科学的抽象是在概念中反映自然界或社会物质的内在本质的思想，它是在对事物的本质属性进行分析、综合、比较的基础上，抽取出事物的本质属性，撇开其非本质属性，使认识从感性和具体进入抽象，形成概念。

2.判断

判断是对思维对象是否具有某种属性以及事物之间是否具有某种关系的肯定或否定的思维形式。它是在概念的基础上发展起来的一种更高级、更复杂的思维形式。概念与判断在抽象思维中是密不可分的。概念是浓缩的判断，判断是展开的概念。表达概念的是词语，表达判断的是句子，判断与句子也是密不可分的。判断是句子的逻辑内容，句子是判断的表达形式。判断与句子的这种密切关系，决定了培养学生的判断能力要与句子的语法相结合。例如，简单判断（直言判断）的表达形式是单句，包括判断句、反向句等；复合判断的表达形式是复句，其中联言判断的表达形式是并列复句、递进复句和转折复句；假言判断的表达形式是假设复句、条件复句；选言判断的表达形式是选择复句。判断不当是中学生在说、写中常犯的毛病，如学生在语言表达或写作中出现自相矛盾、主客颠倒、照应不周及多重否定引起混乱等语病。现行的中学语文教材取消了逻辑知识短文，因而有关判断的知识和能力的培养主要靠结合句子的语法教学来进行。具体说，教学单句，应该尽量渗透简单判断的知识；教学复句，应该尽量渗透复合判断的知识；做修改病句的练习，应教学生不仅要能从语法上看出句子的毛病，也要能从逻辑上分析出问题所在。这样就可以使学生的语法能力和逻辑判断能力同时得到提高。①

二、在语文教学中进行抽象思维训练的原则

在语文教学中对学生进行抽象思维训练，必须遵循两个原则：一是要根

①姚世蛟.语文教学中的形象思维与抽象思维训练［J］.贵州教育，2013（11）：37—38.

据学生的年龄特点来进行抽象思维训练；二是要结合语言的理解来进行抽象思维训练。

（一）根据年龄特点训练抽象思维

在语文教学中对学生进行抽象思维训练，必须以学生的年龄心理发展的阶段性特征为原则。中小学语文教育按低、中、高三个年龄段分为三个学段，要尽可能了解和掌握各年龄段的心理特征、认识规律，根据三个学段的相应学习内容特征，激发学生学习的兴趣，及时进行思维训练，凭借直观形象、启发引导、抽象思维，分段要求，逐步到位。实践研究提出，小学四年级是思维发展的转变期，即从具体形象思维向抽象逻辑思维过渡；初中二年级是中学阶段思维发展的质变期，从经验型向理论型思维过渡，学生的观察力、记忆力和想象力也随之迅速发展；到高中二年级，学生的智力基本趋向定型，达到初步成熟和稳定状态。

（二）结合语言理解训练抽象思维

语言是思维的工具，是思维的载体。离开语言，思维就无法进行。故在中小学语文教学中训练学生的抽象思维，必须遵循结合语言理解的原则。

1.理解语词的概念意义

事物概念的表达需要借助语言形式，语词就是表达概念的外显形式。教师要想在语文教学中训练学生的抽象思维，就要指导学生在理解语词含义的同时，理解其所指称的事物概念的含义，包括其内涵与外延。

2.理解语句的判断意义

语句是表达判断的主要形式。判断作为一种思维形式，其存在与表达也要依赖语句。如果没有语词和语句，人们就不可能进行思维，也就不可能形成概念，从而进行判断与推理。作为思维形式之一的判断就是由语句表达的。在日常语言表达中，人们既是在使用语句，也是在运用判断。若出现病句，除了有语法上的原因，还有判断不恰当的问题。因此，弄清语句与判断之间的关系，理解语句的判断意义，准确把握语句表达判断的各种具体情况，对于有效避免病句的产生、准确恰当地运用语言表达思想具有重要意义。

语句是判断的表达形式，判断是语句的思想内容。不依赖和不借助于语句的判断是不可能形成、存在和表达的。尽管语句与判断密不可分，但它们之间的区别还是很明显的。如前文所述，语句具有民族性，判断则是一种思维形式，不具有民族性，或者说它具有全人类性；任何判断都必须用语句表达，同一个判断在不同民族语言中，是用不同语句表达的，但并非所有语句都表达判断；判断总对事物情况有所断定，而且总有真假，而语句却未必，其中陈述句与疑问句中的反问句、以陈述句为基础的感叹句（如“这座楼真高哇！”）等，对事物情况进行了断定，都有真假之分，因而都表达判断，但其他疑问句、祈使句、感叹句等，没有对事物情况进行断定，当然也无真假可言，都不表达判断。再有，不同的语句可以表达同一个判断，同一个语句可以表达不同的判断。

要准确表达思想，必须重视句式的选择。汉语的句子有单句和复句之分；根据判断本身是否包含其他判断，有简单判断和复合判断之别。一般说来，单句表达简单判断，复句表达复合判断。就单句与简单判断而言，主语与简单判断的主项（包括它前面的量项）相对应，谓语则与简单判断的谓项（包括它前面的联项）相对应。

（三）理解语篇的推理方法

语篇是通过文本这一载体所传达的各种显性和隐性意义的总和。文本是指一篇语言材料在文字上的构成方式，它是以文字为单位的。概念含义、命题含义、语篇含义和语用含义这四种含义同时存在于语篇之中。语篇和文本既相互区别，又相互补充。在阅读中，学生会将语篇中明确表达的信息与自己先前的知识进行整合，发现语篇各部分之间的关联性，得出语篇中没有明确表达而作者实际想要表达的信息，这样就产生了推理。推理是文本中没有明确提到却被激活的信息，或是从语篇已知的语义信息中产生新语义信息的过程。推理不仅有助于学生在处理信息时提取知识，还能促使学生在语篇不同成分之间建立关联，进而形成完整而连贯的心理表征。可见，语篇理解在很大程度上取决于推理的产生，若缺少必需和恰当的推理，理解就会不完整甚至产生误解。鉴于此，有学者把推理称为“理解过程的核心”。因此，对阅读过程中推理的研究一直是语篇阅读研究的重要组成部分。

研究表明，阅读中许多因素都会影响推理的产生，这些因素主要有两类：语篇因素和读者因素。影响推理的语篇因素主要有语篇体裁、语篇因果制约度等；而读者因素有读者的语言水平、阅读能力、背景知识等。

从语篇体裁看，不同的语篇体裁（也称文体）会影响推理过程。学生在阅读叙述类文体时比阅读说明类、议论类等其他文体更易于进行推理。这是因为记叙类文体与人们的日常生活情景联系密切，学生在理解日常生活经历时所用的推理机制和知识结构在记叙类文体的理解中同样适用。相对来说，说明文、议论文通常是脱离日常生活的具体情景的，主要是为了向读者传递新的概念、普遍真理和技术信息。

第四节　语文教学中的创新思维与训练

一、创新思维的基本理论

创造性思维是一种产生新思想的思维活动。有学者认为，产生新思想主要依赖的是非逻辑思维。不过，新思想产生之前的酝酿过程及新思想产生之后的论证过程都离不开逻辑思维的作用。因此，人们大多认为，创新思维是非逻辑思维和逻辑思维的融合和互补，但非逻辑思维是创新思维的关键与核心，在创新思维过程中起着决定性的作用。我们也认为，创新思维不仅要“创”，而且要“新”。无论是创造一个新思想、新事物，还是解决一个新问题，都必须在思想上进行创新，然后用逻辑思维把它造成一个逻辑系统。创新思维也称为创造性思维，就是因为它不仅要“创”，而且要“造”，要把它造成一个逻辑系统，这就离不开逻辑思维的作用。因此，在创新思维的训练中还要运用逻辑思维的方法。

（一）创新思维的定义

创新一词起源于拉丁语，它的原意有三层含义：第一，更新；第二，创造新的东西；第三，改变。而创新作为一种理念，最初形成于20世纪初。此后，创新理念及创新思维逐步扩散至各个学科和各个领域。尤其是在当今社会，创新在世界范围内成为一个出现频率非常高的词，无论是国家、民族、学校、企业或是个人，经常提及创新思维。说到创新思维，得从思维说起。思维是人脑对外界事物概括的间接的反映，是认识的高级阶段，即理性认识阶段。它反映事物的本质和内部规律。思维有两个特点，一是概括性，二是间接性。所谓概括性，有两个意思：第一，思维能揭示一类事物所特有的共性并能把它们归结在一起，从而认识该类事物的性质及其与它类事物的关系；第二，思维能从部分事物相互关系的事实中，揭示普遍的或必然的联系，并将其推广到同类的现象。所谓概括性，就是从事物现象中抽象出本质、特性和规律。所谓间接性，就是思维对感官所不能直接把握的或不在眼前的事物，借助于某些媒介并通过头脑加工来进行反映。思维的概括性和间接性是互相联系的。再说创新，创新是指以现有的思维模式提出有别于常规或常人思路的见解为导向，利用现有的知识和物质，在特定的环境中，本着为满足社会需求而改进或创造新的事物、方法、元素、路径、环境，并能获得一定有益效果的行为。

（二）创新思维的特点

创新思维主要是非逻辑思维，是非逻辑思维和逻辑思维的融合和互补。据专家学者们的研究，它有很多特点，有理性的、非理性的，有相同的、相异的，有积极的求异性、洞察的敏锐性、想象的创造性、知识结构的独特性和灵感的活跃性等。创新思维最显著的特点主要有如下几个方面。

1.独创性

所谓独创性，是指思维发散的新颖性、新奇性、独特性的程度。这是创造性思维的基本特点，亦是它的核心要义。创造性思维活动是新颖的、独特的思维过程，它打破传统和习惯，不按部就班，解放思想，向陈规戒律发起挑战，对常规事物表示怀疑，否定原有的条条框框，锐意改革，勇于创新。在创新思维过程中，人的思维积极活跃，能从与众不同的新角度提出问题并进行探索，开拓别人没认识或者没完全认识的新领域，以独到的见解分析问题，用新的途径、方法解决问题，善于提出新的假说，善于想象出新的形象，思维过程中能独辟蹊径、标新立异、革新首创。具体而言，创新思维的独创性突出表现在以下三个方面。一是独特性。个体自觉而独立地操纵条件和问题，找出解决问题的关系、层次和结点，思维的结果具有典型的个性化色彩。二是发散性。以某一给定的信息或条件为轴心，延展出各种各样的数量众多的信息。三是新颖性。无论是概念、假设、方案还是过程与状态或结果都包含新的因素。在以上三个层面中，新颖性是衡量思维独创性的最重要的指标。

思维的独创性具有两个方面的特征：一是新颖的、不常见的；二是机敏智慧的。由此可见，独创性思维是一种具有开创意义的高智能活动。独创性思维的结果是实现知识和信息的增值，这是一般思维无法比拟的。在语文教学中，尤其是在作文方面，思维的独创性尤为重要。缺乏独创性思维的文章总会遵循惯有的思维定式，令文章表现出立意平庸、选材陈旧、结构呆板、语言贫乏等特点。

在语文教学中培养学生思维的独创性，应当着重培养以下三种意识。一是问题意识。问题是人们认识活动的动力，是人们思维的启动器，是从未知到已知的桥梁和中介。一切学习活动有效性的前提都与问题相关，而问题又会以一种决定性的方式反过来作用于学生的思维世界。把握问题与问题解决的相关性，就能得到如何找到线索、如何进行研究的启示。没有问题就没有创新。二是批判意识。即用怀疑的眼光去发现问题，用审视的眼光去识别真伪，用无所顾忌的勇气去否定伪科学和假知识。批判意识的先决条件是怀疑，怀疑就是为了破除盲从，扫除传统谬误的偏见。这种积极的怀疑是创造的起点。三是审美意识。审美意识是指具有一定审美能力、审美观点、审美标准的人，在客观存在着的美的事物刺激、感染后，引起的主观内部体验、欣赏和评价，从而产生情感上愉悦的心理状态。符合“创造”的要求：一是发现别人没有发现的东西；二是更正或改善别人已有的东西。审美感知的过程是一个运用并且锻炼注意力、观察力、记忆力的过程，而这些能力恰恰是构成创新意识的智力因素。培养审美意识的过程与培养创新意识的过程是同步的。

2.多向性

所谓多向性，是指善于从不同的角度思考问题，此路不通，另辟蹊径。训练多向思维的方式有以下几种。一是发散机智。一个问题，多种设想，扩大选择余地。二是换元机智。事物通常由多种因素决定，就是多元性，变换其中一种或几种因素（换元），即可取得成功。三是转向机智。一方受阻，即转向另一方，多次转向，直至获得成功。四是创优机智。在已经获得成功时也不满足，寻找更优的答案。创新思维不受传统的单一的思想观念的限制，思路开阔，从全方位提出问题；能提出较多的设想和答案，选择面更广。创新思维是一种开放的、灵活多变的思维，并没有现成的思维方法和程序可以遵循，进行创造性思维活动的人在考虑问题时，可以迅速地从一个思路转向另一个思路，对问题进行全方位思考。因此，创造性思维常伴随“想象”“直觉”“灵感”之类的非逻辑、非规范的思维活动。这是不可复制的，他人不可以完全模仿或者模拟。

就思维多向性的本质来看，它是创新思维最重要的思维方式，最为直观地展现出了创新思维的灵活性。它最直接的效果是能避免思路闭塞、单一和枯竭。多向性思维实质上是指使思考中的信息朝多种可能的方向扩散，以引出更多新信息的发散性思维，它的特点主要包括以下四点：第一，具有多种思维指向；第二，是多种思维起点；第三，是运用多种逻辑规则及评价标准；第四，是多种思维结果，最终达成另辟蹊径和整体优化的目标。社会生活是复杂多元的，因此反映在每个人的思维方式上也必然呈现为一种多向思维的状态。人们如果思考问题总是用单向的、一元的、绝对化的思维方法，就会陷入被动局面。因此，要培养学生多向思维的习惯，就要训练学生克服先入为主的、单向的思维定式，要求他们自觉、耐心、多渠道地获取各种各样的信息；在做决定的时候，要尽可能多地拿出几个不同的办法作比较，多考虑几种不同的可能性，多设想几个不同的结果。

3.多元性

多元思维，也称“立体思维”“全方位思维”“整体思维”“空间思维”或“多维型思维”。它是思维跃出二维平面，伸向多维空间的结果，是根据多个变化着的因素对事物属性变化的影响，一层一层迁移着的思维，同时亦是穷举外延的思维，是克服机械、形而上学、经验、八股和刚愎等局限的发展型思维。因此，多元思维是进步的思维，也是科学的思维。所谓多元性，正是指跳出点、线、面的限制，能从上下左右、四面八方去思考问题的思维方式，也就是要“立起来思考”。思维多元性的具体要求是根据事物多种构成因素的特点，变换其中某一要素，以打开新思路与新途径。在自然科学领域，进行一项科学实验，通常需要变换不同的材料和数据，反复进行论证。在社会科学领域，这种方式的应用也是很普遍的。如文学创作中人物情节的发展、语句的变换、管理中的人员调整。

以多元思维思考问题时通常有三个角度。第一是要有一定的空间维度。世界上的万物都在一定的空间中存在，多元思维就充分考虑了事物的空间。用多元思维来思考并解决问题，能够跳出事物本身，从更高的角度出发去思考和解决。第二是要有一定的时间维度。世界上的万事万物都在一定的时间中存在，从多时间维度的方向去思考要求兼顾过去、现在、未来多种时态，具有超前意识。第三是注意万物联系的脉络。世界上的事物都不是独立存在的，它们之间各有各的联系。人们要学会在事物千丝万缕的联系中去思考问题，因为只有这样才容易发现事物的本质，从而拓宽创新之路。

事实上，任何事物的属性、它的内在或外在因素，不止一个，而是多个。因此，说话办事、计划规范、程序机制等，都要留有充分的余地，都要保持一定的水准或精确度层次的要求，永远不要绝对化。许多难题在直观或平面思维中得不出答案，但在多元思维中可以获得圆满的解决。

4.开放性

所谓开放性思维，是指突破传统思维定式和狭隘眼界，多视角、全方位看问题的思维，它与把事物彼此割裂开来、孤立起来、封闭起来，使思维具有保守性、被动性和消极性的形而上学思维是根本对立的。开放性思维本质上具有反教条和实事求是的特征。一个人如果具备了开放性的思维方式，就能够不断地发现、发明、创造、前进。

相对于封闭性的思维，开放性的思维只是思维的起始点和中心点，在其影响下可以产生不加限制的思维，把思维的任何可能都看成可能的，一切皆有可能，这就是开放性思维的特点。所以，不仅思维的主体是自由思维的，思维的内容和形式也是随机变化的。

开放性思维的思维活动具有无阻碍性和时空跨度，能够最大限度地获取信息。表现在空间上，就是既向内看，又向外看，这样就可以既了解自身的内在心理需求，又可以根据外界的变化适时地调整自己，让自己和他人、外部世界达到和谐。开放性思维还意味着一种超越自我的能力。一个人如果固守自己的内部世界，那其思维就只是一个封闭的自我体系，外部世界在这个封闭的体系里被排斥，一切新的思想、新的事物都不被接纳，人的进步性也被彻底否定。

5.综合性

所谓综合性是指综合利用他人的思维成果。因为创新活动是在前人基础上的进展和突破，所以创新必须综合利用他人的思维成果。这种综合能力包括三个方面。

（1）智慧杂交能力

智慧杂交能力即善于选取前人智慧宝库的精华，巧妙结合，形成新成果的能力。

（2）思维统摄能力

思维统摄能力是指把大量事实、概念和观察材料综合起来，加以概括整理，形成科学概念和系统的能力。

（3）辩证分析能力

没有分析就没有综合，综合思维是以辩证分析能力为前提的。这里的综合并不是简单的排列组合，而是具有创新性的综合，即以目标为核心，综合运用多种思维形态和多种思维方法，对已有的众多信息进行有目的的选择和重组，从而寻求最佳的解决方法。

任何事物都是作为系统存在的，都是由相互联系、相互依存、相互制约的多层次、多方面的因素，按照一定结构组成的有机整体。这就要求创新者在思考时，将事物放在系统中进行思考，进行全方位、多层次、多方面的分析，找出与事物相关、相互作用、相互制约、相互影响的内在联系，不是孤立地观察事物，也不只是利用某一方法，而是综合运用多种思维方式。综合后的整体大于原来部分之和；综合可以变不利因素为有利因素，变平凡为神奇；综合是由个别到一般、由局部到全面、由静态到动态的矛盾转化过程，是辩证思维的运动过程，是认识观念得以突破从而形成更具普遍意义的新成果的过程。“瞎子背瘸子”就是综合思维的形象事例，二人都发挥了自己的优势，不仅可以跑还可以看，还比常人“站得高看得远”。美国阿波罗的登月计划运用的自然科学理论和技术没有一项是新发现的，都是现有的。可见，综合性思维就是创新思维。培养创新思维的综合性，需要具备以下两个方面的能力：一是归纳概括能力，即通过整理把大量概念、事实和观察材料综合在一起，以形成完善科学的系统；二是辩证分析能力，这是一种综合性思维能力，即对已有材料进行深入分析，把握它们的个性特点，然后从这些个性特点中概括出事物的规律。

6.联动性

所谓联动性，是指在思维过程中由此及彼的多种联系的思维活动，这种思维的联动性特点，常会引导人们由已知探索未知，拓展思路。创新思维的联动性表现为由浅入深、由小及大、触类旁通、举一反三，从而获得新的知识、新的发现。创新思维的联动性按照其思维动向形式可分为三种。

（1）纵向联动

纵向联动即在一种结构范围内，按照有顺序的、可预测的、程式化的方向进行的思维形式，是一种符合事物发展方向和人类认识习惯的思维方式。它从发现现象开始，纵深探究产生这种现象的原因，从而得到突破性发现。对偶然事件的敏感程度，取决于纵向联动思维能力的强弱。它遵循由低到高、由浅到深、由始到终的原则，因而清晰明了，合乎逻辑，人们平常在生活、学习中大多采用这种思维方式。

（2）横向联动

横向联动就是看到现象，即联想到与其特点相似、相关的事物。它是一种突破问题的结构范围，从其他领域的事物、事实中得到启示而产生新设想的思维方式。它不一定是有顺序的，也不能预测。

（3）逆向联动

逆向联动就是看到现象，即想到它的反面，让思维朝着对立面发展，从问题的反面深入地进行探索。因为许多事物是互为因果的，这是一种由已知发现未知的方法。当大家都朝着一个固定的思维方向思考问题时，独自朝相反的方向思索，这样的思维方式就是逆向联动思维。它是较高级别的一种思维方式。

7.跨越性

所谓跨越性，是指讲究事物的速度与效率，不循序渐进，保持较大的跨度。它是一种不依从甚至省略逻辑步骤，跨越事物“可见度”的限制，迅速完成“虚体”与“实体”之间的转化，加大思维“转换的跨度”的一种思维模式。这种思维特性使人在思考时通常直接从命题跳到答案，并再一步推广到其他相关的可能。从本质而言，跨越性思维属于发散思维。它的主要特征在于超越常规思维程序，省略某些中间环节。它可以是横向跳跃，也可以是纵向跳跃，还可以是不同层面的跳跃。在写作活动中，若在成文时合理地使用跨越性思维，可以增加文章的容量和跨度，使文章显得生动、活泼、富有表现力。若不能合理使用，则会导致文思不畅、文气不通、写作视角多变、人物言行不合情理、事物发展不合逻辑。

创新思维的跨越性，其思维动向形式表现如下。一是前进跨度，即把思维注意力集中到事物的本质和结论方面，次要方面暂不顾及。二是联想跨度，即将若干表面看来“毫不相干”的事物联系起来，取得意料不到的成果。三是转换跨度，即一种思维受阻，立即转向另一种思维。这三种思维跨度大大加快了思维的速度、拓宽了思维的广度，提高思维的灵活性。相对于逻辑思维，跨越性思维有以下优点：第一，它对事物的认识切入点很多，能多方面思考或者换位思考，具有灵活、新颖、变通等显著特点；第二，不会对事物钻牛角尖，会对事物提出多方面质疑，尽管有时会自相矛盾，但能自我克服，最终会找到一个能克服多种质疑的答案，考虑全面，思维预见性很强；第三，想象力丰富，能对事物的认识触类旁通，善于找出事物的规律并应用于其他方面。所以，跨越性思维是一种高效思维。

（三）创新思维的构成要素

1.求异的积极性

求异是指思维主体在对某一研究问题求解时，不受已有信息或以往思路的限制，从不同方向、不同角度寻求解决问题的不同答案的一种思维方式。求异就是关注现象之间的差异，暴露已知与未知之间的矛盾，揭示现象与本质之间的差别，即从多方向、多角度、多起点、多层次、多原则、多结果等方面思考问题，并在多种思路的比较之中，选择富有创造性的新思路。求异思维方法的内核是积极求异、灵活生异、多元创异，最后形成异彩纷呈的新思路、新见解。可以说，求异思维方法是孕育一切创新的源头。科学技术史上许多发现或发明就是运用这种思维方式的结果。

求异的内容和思维运行方式决定了求异思维具备四个典型特征：灵活性、积极性、多元性、试误性。求异思维的灵活性和积极性有利于自主性的创造，而多元性和试误性有利于创新成果的选择，所以求异思维贯穿于整个创新活动。在这四个特征中，积极性尤为关键。因为它能体现出思维主体在面对问题时能否主动、积极地寻求不同的解题答案。求异思维的本质包含广博的开拓创新功能。运用求异思维方法，能够克服思维模式的固化和统一的弊病，冲破陈旧的思维模式，把思维从狭窄、封闭、陈旧的体系中解放出来。具有创新思维的人通常对司空见惯的现象和已有的权威性结论持怀疑、批判的态度。

2.洞察的敏锐性

洞察是知觉和事物相互渗透的复杂的认识活动。人们在洞察的过程中，不断地将观察到的事物与已有的知识或假设联系起来思考，对事物之间的相似性、特异性、重复现象进行比较，发现事物之间的必然联系，提出新的发现，这也是创新思维所具有的特征之一。所谓洞察力，是指一个人多方面观察事物，从多种问题中把握其核心的能力。通俗地讲，洞察力就是透过现象看本质，就是学会用心理学的原理和视角来归纳总结人的行为表现。任何事物都是由“看得见”与“看不见”两个部分组成的。“看得见”的部分就是现象，“看不见”的部分就是本质。后一部分虽然“看不见”，却可以由人的洞察系统发现。“看不见的部分”决定了“看得见的部分”。人对事物的认知，主要来自以往的经验，超出人们经验的东西，人们都无法做出反应，要么抵触，要么惊慌失措。而决定现象的是本质，所以人们要自我觉悟、自我体验，透过现象看本质。一个人如果能够真正发现自己的“洞察”模式，并且进入“洞察”模式，那么这个人就能完全改变自己，甚至是改变自己的性格、秉性。缺乏洞察力的人只见树木或只见森林，不能两者俱见。缺乏洞察力的决策者，会浪费宝贵的资金和人力，因为他无法抓住问题的根本，因此无法制订有效的方案。一个具有创造性洞察力的人，无疑距离成功更近。要想挖掘并加强洞察的敏锐性，就要做到以下几点。第一，勤于观察，累积经验。对所收集的资料进行去伪存真、由此及彼、由表及里的系统分析，使之成为有价值的资料信息。一个人的洞察力与他的经验是分不开的。通常经验越丰富的人，洞察力越强。而观察力的练习有助于注意力的集中，使之“心明眼亮”。这样不仅可以有效锻炼视觉的灵敏度，锻炼视觉和大脑在瞬间强烈的注意力，还可以增强记忆力提高创造力。第二，保持好奇，主动探究。有好奇心才会主动去发现问题。一个人发现和提出的问题越多，解决的问题越多，那么他获得的知识也就越多。第三，科学思考。从查看资料到洞察的过程，牵涉很广的知识领域，且要经过科学的系统的思考，而后有了对事物客观的看法和准确的预测，也就有了洞察力。第四，关注细节，注意事态变化。一些优秀的人物通常是在一些细节上洞察到别人未曾留意的事情，并由此大胆地推断。很多事件在变故发生前都是有预兆的，只是少有人去留意而已。任何事物都是持续发展的，随时关注事态的发展与变化，是提高洞察力的好方法。

（四）想象的丰富性

想象力是人类创新的源泉，加强想象的丰富性，对于提升创新能力具有至关重要的作用。想象力是发明、发现及其他创造活动的源泉。所谓想象力，是指人以感性材料为基础，把表象的东西重新加工产生新的形象。创新思维始终伴随着创造性想象。创造性想象能不断改造旧的表象，创造新的表象，赋予思维以独特的形式。在创造性想象中，人们运用想象力去创造所希望实现的事物的清晰形象，接着不断把注意力集中在这个思想或画面上，给予它肯定性的能量，直至成为客观的现实。拥有丰富的想象力，是人类能比其他物种优秀的根本原因。因为有想象力，人类才能创造发明，发现新的事物定理。如果没有想象力，人类将不会有任何发展与进步。想象是创新的源泉之一，而想象有时难免带上种种主观臆测、虚假和错误成分。那么，如何提高自己的想象力，使自己的想象力丰富起来呢？这就需要注意以下几个方面。第一，要积累渊博的学识和丰富的经验。想象无非是对已有的知识、表象和经验进行改造与重新组合，从而创造出新形象。因此，头脑中储存的表象、经验和知识越多，就越容易产生想象。一个孤陋寡闻的人是很难产生奇想的。第二，要善于把不同种类的表象重新组合，以形成新的形象。第三，要善于把同类的若干对象中的最具代表性的普遍特征分析出来，然后综合成新的对象。第四，要善于抓住不同事物之间的相似性进行想象。想象可以通过比喻的途径来完成。如人们通常把“爱心”比作滋润心田的雨露，从而将这个抽象的概念具体化。第五，要善于把适合某一范围的性质拓展到整个等级。想象也可以通过夸张的途径来完成。夸张的关键在于用具体的局部代表未知的整体，从而使整体具体化。如当人们只看到月牙时，他们就认为自己看到了整个月亮，这就是通过夸张来想象。①

二、培养创新思维的原则

中小学生的创新思维是自我实现性的、个体在发展意义上的创造性开发；创新思维离不开逻辑思维的作用。因此，在语文教学中培养学生的创新思维，还要运用逻辑思维的方法，以非逻辑思维为核心，把逻辑思维与非逻辑思维相结合，在语文能力训练中渗透发散法、聚合法、逆向法、想象法、联想法、直觉法、不完全归纳法、头脑风暴法、类推法等非逻辑思维因素。

（一）营造和谐氛围，鼓励放飞思想

新课程呼唤尊重民主，强调自主发展。因此，新课标下的教学模式不再是教师主宰、学生附和，教师讲、学生听的刻板模式，要充分激励学生学习的主观能动性。因此，营造自由和谐的课堂氛围，调动学生主动学习、自主探究、合作共进的积极性，势必成为每位教师的共识。语文教学是一门塑造核心的艺术。作为关注学生情感的语文教学，不仅要把诗情、文情传送到学生心中，而且要精心地给学生提供表达自我认识、评价情感的条件。语文课堂要体现其人文性特点，师生是平等的合作者，要彼此尊重、互相依赖、相互合作。只有在这样的氛围中，师生之间才能够形成互动交流的对话平台，学生才能够轻松愉快、活泼热情、兴趣盎然地放飞思想，充分发挥他们的想象力，以最佳的状态进入语文学习，使语文课堂焕发独有的魅力。营造和谐的教学氛围，首先需要培养良好的师生关系。

作为教师，加强与学生的沟通、建立良好的师生关系是非常重要的。教师要热爱每一位学生，尊重每一位学生，对学生一视同仁。教师的语言、动作、手势和神态要让学生感到可亲、可信，要能不断激发学生的求知欲，坚定学生不断克服学习困难的决心，使学生产生幸福感和愉快感，激发学生的学习兴趣。对学生回答的问题，不要简单地否定或肯定，要启发学生多问“为什么”，并让学生说说自己是如何想到的、具体是怎么想的；鼓励学生不懂就问，大胆质疑、解疑，这样才能激发学生的学习兴趣和学习劲头。

①梅运波.创新思维与语文教学［M］.长春：吉林文史出版社，2016.

（二）实施教学民主，张扬学生个性

实施教学民主，需要转变传统的教学观念，尊重学生在语文课堂上的主体地位，注重培养学生的独立性和自主性，让他们主动去好奇、了解、认识和接受，从而达成预期的学习目标。同时，教师可通过创设多种适宜的活动，引导学生勤于思考、多从不同角度质疑和反思，让课堂真正成为学生主动思考、多向思维的场所。新课程理念强调建设开放而有活力的课程，关注学生的情感态度与价值观，凸显学生的个性。这就要求教师在教学的过程中，针对学生的特点，实施开放式教学。语文的答案是丰富多彩的，语文学科的魅力正在于此，语文课堂的活力也正在于此。同一个问题，由于学生的生活经历、知识素养、心理状况等不同，得出的答案也可能是千差万别、异彩纷呈的。这就是创造力的表现，也正是教师需要悉心呵护和着力培养的。教师要多给学生展开想象的时间和空间，多给学生发表意见的机会和自由。学生在一种无拘无束、自由畅达的空间中自由参与、自由表达，通常能获得一种宽松、愉悦、新奇的心理体验，产生浓厚的学习兴趣，激发创造潜能，迸发出创新思维的火花。

（三）激发学习兴趣，呼唤创新意识

孔子曾说："知之者不如好之者，好之者不如乐之者。"如果教学方法得当，学生对知识内容产生兴趣时，他们的思想就会活跃起来，记忆和思维的效果就会大大增强。反之，学生把学习看成精神负担，效果必然降低。良好学习习惯的形成和培养，都离不开兴趣。因此，教学中能否激发学生的兴趣，增强学生的记忆效果，是教学成败的关键。教师应不断创设富有变化的能够激发学生兴趣的学习情境，营造兴趣氛围，不断激发学生的求知欲，激励学生的创造性思维。如在教学《死海不死》一课时，师生共同讨论死海不死的原因，从中进行科学的分析，教师可以要求学生在课后做一些有关浮力的试验，看看水中盐分增多后，浮力有何变化，然后让学生在课堂上展示试验的不同结果，培养学生的创新意识，激发学生的求知欲和思维创新，激发学生学习的兴趣。首先，要使学生明确学习的重要性。心理学研究表明，"需要—动机—目标"是构成人的积极性行为心理动力的主要因素。有了需要才能树立动机，有了动机才能确立目标。一个人只有清晰地意识到自己

的学习活动所要达成的目标与意义，并以此来推动自己的学习行为时，这种学习行为才是可持续的。在教学过程中，教师应反复向学生强调知识的重要性。其次，建立良好的师生关系。古人云“亲其师而信其道”。可以说，师生关系的好坏直接影响学生学习兴趣的高低。最后，根据实际适当运用讨论教学，在实践中激发学生学习知识的兴趣。学生的学习兴趣是在学习实践中形成和发展起来的。只有通过实践，让学生体会到语言本身的交际功能，才能真正激活学生的创新思维。

第五节 语文教学思维创新能力培养的实践策略

一、中小学语文教学学生创新思维能力培养的必要性

中小学语文教学学生创新思维能力的培养是提高中小学阶段学生语文学习水平的有效途径，对解决部分中小学语文教学基础性难题有一定的帮助。传统意义上的中小学语文教学对学生记忆力的依赖程度较高，学生对语文知识的运用灵活性不足，未能在生活实践及学习过程中对语文知识形成完整的应用概念，导致学生中小学语文知识学习兴趣匮乏，同时受学习难度不断加大的影响，学生必然在中小学语文学习过程中出现消极心理，导致中小学阶段语文教学质量大打折扣。创新思维能力培养是对传统意义上碎片化的语文教学内容做深度整合，按不同的知识类别为学生建立完善的知识数据库，使其在逻辑思维上对语文学习的认知发生质的变化，帮助学生摆脱中小学语文学习困境，为学生更好地将语文知识运用于实践夯实学习基础。

二、中小学语文教学学生创新思维能力培养的途径

对于现阶段中小学语文教学存在的问题，教师要结合创新思维能力培养需求作深入的教学分析，改变教学思想及学习概念，使学生可以对语文学习有更深层次的了解，同时帮助学生掌握多种语文学习技巧，利用教学实践不断发现问题与解决问题，为学生创新思维能力培养建立一个完善的教育评价管理体系，为学生创新思维能力的提高做科学的教学设计与管理。

（一）改变传统语文教学及学习观念

改变传统语文教学及学习观念是中小学语文教育学生创新思维能力培养的重要任务，其目的在于帮助学生形成正确的语文学习概念，使其对语文知识理解可以深入文学文化内涵的各个方面，为学生搭建科学的语文学习平台。首先教师要能够剔除外界不良因素对创新思维教学的影响，使学生思维逻辑能力可以上升至更高层次。其次要引入现代化教学理念，从学生的角度出发对语文知识概念作科学的归纳总结。最后要使学生具备独立的分析理解能力，使学生可以正确理解单项语文知识问题，通过教学与学习观念的改变为学生创新思维能力的形成创设有利的教学环境。

（二）重视创新思维能力培养教学实践应用

创新思维能力培养必须体现在实践教育方面，传统的中小学语文教学创新教育过于注重理论教学，对实践教学运用并不全面，同时受教学条件限制，语文教学实践能力不足，创新思维能力培养有效性有所下降。对此，教师要积极开展综合性教学实践，利用实践教学对理论教学内容加以印证，并引导学生逐步走上语文创新思维学习正轨，使学生在创新思维能力培养教学的影响下获取有价值的知识内容，从专业教学实践方面为学生营造和谐的教学氛围。

（三）建立多元化创新思维能力培养评价制度

多元化创新思维能力培养评价制度的建立可以从根本上提高学生语文学习积极性。首先要改变以应试教育为主的教学理念，将学生日常语文学习主动性及学习水平等作为衡量学生创新思维能力的重要标准，而不是把理论考试作为创新思维培养的参考标准。其次要提高评价制度教学应用公平性，使学生可以用积极向上的心态接触语文知识，改变错误思想观念影响下对语文知识的片面认知。最后要注重语文知识的生活化运用，让学生在生活中主动研究问题与分析问题，使中小学语文学习可以切实成为学生生活实践的重要组成部分，进而为学生创新思维能力培养奠定坚实的教育基础。

（四）加强教学管理，提高创新思维能力，培养环境适应性

教学管理的强化能够进一步提高中小学语文教学学生创新思维培养规范性，使教学管理课程成为指明教学方向的重要风向标，同时可为学生提供良好的教学条件，充分解决中小学语文教学的部分突出矛盾问题。例如在对中小学语文教学细节的管理控制方面，可以采用分段式教学管理，对各项关键知识内容做阶段性划分，在不同阶段为学生设立适宜的教学内容，在此过程中教师的教学选题得以规范，学生的学习理解能力也可得到提升。这样做，能够在学生的脑海中形成一个完整的语文学习框架，进而帮助学生适应多种中小学语文学习环境，继而为中小学语文教学创新思维能力培养提供教学管理支持与帮助。

综上所述，中小学语文教学学生创新思维能力培养是未来阶段中小学语文教学工作开展的主要方向，对提高中小学语文教学综合能力及解决学生中小学语文学习难题具有重要意义，可使中小学阶段的语文教学更能满足我国综合性人才培养要求，为我国现代化教学改革的推进奠定良好的教学根基。

第五章　语文教学技能的培养

第一节　语文阅读教学

一、阅读教学目标

（一）对话语境下的阅读教学

语文阅读教学对话主要分为阅读对话与阅读教学对话两种。

1.阅读对话

阅读对话至少包括两个方面：一是读者与文本本身的对话；二是读者与文本相关者的对话。

（1）读者与文本本身的对话

对话理论认为，作者与读者的关系，就其本质而言，体现了人与人之间的精神联系，阅读行为也就意味着在人与人之间确立了一种对话和交流的关系。这种对话和交流是双向的、互动的，互为依存的，阅读成为思维碰撞和心灵交流的动态过程，是主体与主体之间的关系。读者的阅读过程，尤其是阅读文学作品的过程，正是一种共同参与以至共同创造联系的过程。那么教师采取怎样的策略来引导学生与作品产生交流与对话呢？以下介绍几种使用率较高的方法。

其一，知识指导，对话切入口。教师可给学生一些关于如何阅读的知识指导。这种指导不仅是指通常意义上的阅读方法、阅读技能、阅读习惯的指导，还是有关文学理论创作、作品叙述视角、艺术留白、文学阐释知识等可以帮助学生进入阅读对话的知识指导。这些知识不一定深奥，但要实用。学生在较短时间内应该能够掌握并运用于阅读实践。

其二，随课文举例，教会学生提问。在教学课文时，教师可随课文举例子让学生明白怎样在阅读时与作者对话、与作品的中人物与事件对话会获得比较好的效果。一个比较好的策略是教会学生在阅读过程中不断提问。初始提问是阅读深入的切入，不断追问是阅读深入的表现，从问题中走出则是一轮对话的结束。如学习《祝福》，可引导学生提问："作者为什么先写除夕夜？祭祀事件为什么给祥林嫂如此大的打击？"提出问题之后，就要带着问题从文本中寻找答案。这样阅读对话就不断展开、不断深入。

其三，帮助学生清除阅读对话障碍。在阅读对话中学生常常会出现一些阅读对话的障碍，比如词语障碍、术语障碍、背景知识障碍、理解障碍等。教学中教师可采取一些措施帮助学生清除阅读对话的障碍。第一，借助资料。阅读障碍的出现可能是学生缺乏相关的背景知识，或者所依托的知识不够，学生无法理解或达不到相应深度的理解，这种情况下，可以指导学生借助课外资料进入阅读。第二，变换角度。教师可以提醒学生当阅读对话不能进行时，可以尝试变换理解的角度，寻找新的切入口，使对话得以继续。当然，还有一些障碍是学生人生阅历不足而他们无法越过的（这一般是在远远超越他们年龄水平上的阅读中发生的），不过随着阅历的丰富，他们会慢慢理解。

（2）读者与文本相关者的对话

读者与文本相关者的对话，包括如下几个方面。一是读者通过文本与作者的对话。读者与作者的对话是一元的，即理解作者意图的对话。传统的语文教学，只是注重读者与作者的对话，而没有注意读者与文本的对话，所以导致出现阅读的单一性问题。读者与作者的对话，其内容是丰富的，包括通过阅读体会作者的情绪、感情、心境，理解作者的写作意图，理解作者的处境、创作状态等多方面。二是读者通过文本与文本所反映时代背景的对话。作者是生活在一定时代背景中的，他的作品总会反映他那个时代的一些东西。文本也是发生在一定时代背景中的，那个时代背景中的一些内容也在文本中得以反映。读者在阅读时，需要与两个时代背景，即作者所处时代背景与文本发生时代背景分别对话，又需要把两者联系起来进行对话。在语文教学中，还有一层对话是读者通过文本与课文编辑者的对话。与课文编辑者的对话主要通过课文前的提示、课文内的点评、课文内的注释、习题等进行，也通过编辑对整个课文的编辑体例等进行。

2.阅读教学对话

阅读教学对话是指师生之间展开的课堂教学对话。具体来说，它是师生之间或学生之间围绕课堂教学的主题所进行的多重互动活动。从互动主体的角度来看，可以把课堂教学对话的互动分为五种类别。这五种课堂教学互动分别是："师个互动"，即教师与学生个体之间的互动；"师群互动"，即教师个体与学生群体的互动；"个个互动"，即学生个体与学生个体之间的互动；"个群互动"，即学生个体与学生群体之间的互动，具体又分为学生个体与全班学生的互动、学生个体与全组学生的互动；"群群互动"，即学生群体与学生群体之间的互动，主要包括组际交流、组际互查、组际竞争等。在课堂教学中五种互动有时以某一种或某几种为主，有时则会全部出现，这要根据具体的课堂教学内容和教学组织情况而定。

（二）阅读教学目标

1.初中阅读教学目标

初中阅读教学目标如下。

①能用普通话正确、流利、有感情地朗读。

②养成默读习惯，有一定的速度，阅读一般的现代文时每分钟不少于500字。

③能较熟练地运用略读和浏览的方法，扩大阅读范围，开拓视野。

④能在通读课文的基础上，厘清思路，理解主要内容，体味和推敲重要词句在语言环境中的意义和作用。

⑤对课文的内容和表达有自己的心得，能提出自己的看法和疑问，并能运用合作的方式，共同探讨疑难问题。

⑥在阅读中了解叙述、描写、说明、议论、抒情等表达方式。

⑦能够区分写实作品与虚构作品，了解诗歌、散文、小说、戏剧等文学样式。

⑧能欣赏文学作品，有自己的情感体验，初步领悟作品的内涵，从中获得对自然、社会人生的有益启示。对作品的思想感情倾向，能结合文化背景做出自己的评价；对作品中感人的情境和形象，能说出自己的体验；品味作

品中富有表现力的语言。

⑨阅读科技作品，注意领会作品中所体现的科学精神和科学思想方法。

⑩阅读简单的议论文，区分观点与材料（道理、事实、数据、图表等），发现观点与材料之间的联系，并通过自己的思考，做出判断。

⑪诵读古诗词，有意识地在积累、感情和运用中，提高自己的欣赏品位。

⑫阅读浅易文言文，能借助注释和工具书理解基本内容。背诵优秀诗文80篇。

⑬了解基本的语法知识，用来帮助理解课文中的语言难点；了解常用的修辞手法，体会它们在课文中的表达效果。了解课文涉及的重要作家作品知识和文化常识。

⑭能利用图书馆、网络搜集自己需要的信息和资料。

⑮学会制订自己的阅读计划，广泛阅读各种类型的读物，课文阅读总量不少于260万字，每学年阅读两三部名著。

从上述目标不难看出，初中阅读教学主要是理解阅读对话理论和感受性阅读。就目前的实施而言，理解阅读对话理论和感受性阅读，应注意以下几个方面。

第一，从“阅读”教学的角度看，只让学生自己来“说”是不够的。学生自己的“说”，可能是“鉴赏者”取向，可能是“感受性阅读”，也可能是“读误”，还可能是个人的“独白”篡位；可能是偏于“倾听”的对话，可能是偏于“言说”的对话，可能是脱离文本语境的似对话，还可能是无视文本的不对话。

第二，提倡“感受性阅读”，并不是简单地废除教师的“讲”、换成学生“说”。

第三，目前的语文教学实践，至少混杂着四种“阅读”取向：一是概括段落大意和中心思想、寻求“思考与练习”“正确答案”的“作业者”取向；二是以分析课文形式方面为主，归结为生词、语法、修辞、章法（结构特点、语言特色等）的语文教师“职业性阅读”取向；三是以“诵读”为主要样式的“鉴赏者”取向；四是“感受性阅读”，在教学中表现为对“讨论法”的倚重。相信在目前实验区的阅读教学中，不少语文教师正在经历“鉴赏者”取向与“感受性阅读”，乃至“作业者”取向与语文教师的“职业性阅读”四种方式激烈争斗的煎熬。而学生也正在面临不同学习方式的转型。

第四，对《标准》的解读，应该基于教学对话理论的导向。从教学的角度来看，教师应该维护学生的话语权。教师应该通过教学的对话，引导学生朝积极的方向发展。

第五，借鉴国外的语文课程与教学的经验，从能力培养的角度进一步描述阅读对话理论“意味着什么”。这样才能有效地设计课程、编制教材、实施教学。“阅读”教学的目的是使学生学会（建构）在阅读中如何合适地倾听、合适地言说，即学会“对话”——与文本的“对话”。

2.高中阅读教学目标

与九年义务教育单一的语文课程结构不同，高中语文新课程分为必修课程和选修课程两种。课程的目标是通过这两类课程的学习，让学生在积累整合、感受鉴赏、思考领悟、应用拓展、发现创新等方面获得发展。这里，仅就必修课程的“阅读与鉴赏”作简单的讨论。

《普通高中语文课程标准（2017年版2020年修订）》关于阅读与鉴赏的总要求共5条，这5条也是根本性的要求。

①在阅读与鉴赏活动中，不断充实精神生活，完善自我人格，提升人生境界，逐步加深对个人与国家、个人与社会、个人与自然关系的思考和认识。

②发展独立阅读的能力。从整体上把握文本内容，厘清思路，概括要点，理解文本所表达的思想、观点和感情。善于发现问题、提出问题，能对文本做出自己的分析判断，努力从不同的角度和层面进行阐发、评价和质疑。根据语境揣摩语句含义，运用所学的语文知识，帮助理解结构复杂、含义丰富的语句，体会精彩语句的表现力。

③注重个性化的阅读，充分调动自己的生活经验和知识积累，在主动、积极的思维和情感活动中，获得独特的感受和体验。学习探究性阅读和创造性阅读，发展想象力、思辨能力和批判性思维。

④能阅读论述类、实用类、文学类等多种文本，根据不同的阅读目的，针对不同的阅读材料，灵活运用精读、略读、浏览、速读等阅读方法，提高阅读效率。

⑤能用普通话流畅地朗读，恰当地表达文本的思想感情和自己的阅读感

受。

从上述要求可知：阅读与鉴赏的根本目的是“立人”。当代世界各国教育改革的一个共同趋向就是弘扬人文精神，强调教育应以人为本，一切着眼于人的发展，也就是鲁迅说的“立人”。当代教育追求的目标，其中十分重要的方面，是“不断充实精神生活，完善自我人格，提升人生境界”，语文课在这方面承担着重要责任。所以课程标准关于阅读与鉴赏的第一条目标，是从学生的全面发展和终身发展的角度，以立人为本提出的，这是从教育的本质上来理解阅读鉴赏教学的必要性。它强烈地体现了课程改革对人的尊重，发扬了语文阅读教学中的人文精神，也是对语文学科的认识达到的一种新高度、新境界。目标提出要在阅读鉴赏活动中“逐步加深对个人与国家、个人与社会、个人与自然关系的思考和认识”，这种思考和认识里有理性的成分，但在语文课程中很大程度是伴随着情感活动而产生的，在文学鉴赏中更是如此。正是通过语言文字，学生与他人、与社会、与人类、与自然建立起了联系，这种联系常常是从直观、感性、情感的层次，进入理性的和审美的境界。

第二条目标提出培养独立的阅读能力，着眼点是阅读活动的共性要求，主要包括独立阅读能力在文本解读方面的基本要求，是“从整体上把握文本内容，厘清思路，概括要点，理解文本所表达的思想、观点和感情”。学生对文本的解读具有整体性特点。语文阅读教学中流行的重分析、轻综合的模式，往往离开了学生对文本的整体感受，只进行抽象的概括和分析，学生得到的只是干巴巴的知识。所以，阅读必须以整体把握文本的内容为前提，在这个前提下，才谈得上让学生厘清作者的思路，概括课文的要点，理解作者的思想、观点和感情。也就是说，文本解读的基本思路，应该是“综合—分析—综合”，前一个综合是阅读的出发点，后一个综合是阅读的归宿，分析则是考察作品是如何成为一个整体的。梁启超的“三步读书法”也体现了这一阅读要诀：第一步是鸟瞰，把文章浏览一遍，了解文章写些什么，并把文章的重点、难点找出来；第二步是解剖，揣摩文章是怎样写的，尤其是对文章的重点、难点细细探究，由表及里，抓住精髓；第三步是会通，就是把全文综合起来，融会贯通，并根据文章的背景和作者情况探究文章的成因，以对文章有更透彻的把握。独立阅读能力对学生主观方面的要求是：善于发现问题、提出问题，对文本能做出自己的分析判断，努力从不同的角度和层面进行阐发、评价和质疑。这里强调的是阅读的主体性和多元化。长期以来，阅读教学基本上遵循的是求同思维的原则，教师习惯对一篇课文产生若干共性的认识，追求结论的确定性、明确性，这自然是需要的。问题在于，文本本身是一个极其丰富复杂的世界，有的文本特别是文学作品，更具有开放性，其内涵不是几个简单的概括性结论可以包涵的，所以应该提倡多元思维。高中生的独立阅读能力，更应反映在对文本的多元解读方面。当学生凭借自己的经验积累和知识结构进行阅读时，实际上是对文本意义的再建构，通过再建构，学生就会发现问题，提出疑问，对文本做出自己特有的分析和判断；而在群体的对话进程中，各种意见相互碰撞、交流，学生的提问、质疑、反驳或批判，必然会形成对同一文本从不同的角度和层面的理解，而这些理解往往对文本的整体性透视具有不同层次的合理性。尤其对文学作品的解读，多元的理解也体现了文本自身具有的结构开放性和意蕴的丰富性及不确定性。以人物形象为例，曹禺《雷雨》中的周朴园，既是一个专制暴君、感情骗子、唯利是图的资本家，又是一个家庭中的严父、不乏深情的男人、命运的弃儿。因此，教师在阅读教学过程中，不能用简单的逻辑分析去确定一种理解角度，从而得出一个抽象的结论作为标准答案。

为了防止离开具体文本进行所谓的分析，阅读活动应该要落实到语言层面，所以课程标准进一步提出：根据语境揣摩语句含义，运用所学的语文知识，帮助理解结构复杂、含义丰富的语句，体会精彩语句的表现力。在具体的阅读教学中，脱离语境架空分析的倾向还是存在的。例如在此次课改中，人们开始重视跨学科的学习，教材也相应地增加了科普文章，有的教师在教学过程中花了大量时间介绍科学术语和相关知识，并采用了许多教学手段，离开文本，脱离对文本语言的探究，语文课成了科学课。还有一种情况在课改中也时有出现，即教师在让学生学习文学文本时，实施研究性学习，师生往往热衷于对一些思想观念的话题进行讨论，也就是集中于文本内容和精神层面的学习，而缺乏对文本语言的学习。语文姓“语”，文本的任何价值均应通过语言来实现，所以教师要让学生感性地接触作品。

第三条目标强调的阅读活动中的个体差异，即生活经验，知识积累，对事物、对文本的感受和体验肯定是因人而异的。阅读具有内省性，即重在感受和体验。学生面对教材文本，就会接触到题目、作者、题材、体裁等，会对文本展现的内容、社会生活、思想感情，或者情节、场景、人物性格和命运等，产生迫切求知的心理，这就是人们在阅读前常有的阅读期待。当学生的期待视界与文本背离，学生就会产生浓厚的阅读兴趣。当学生不满足于一般的理解性阅读，对自己的阅读过程和自己的理解进行再思考，就进入了阅读反思阶段。此外还有更高的阅读境界，即探究性阅读和创造性阅读。这条目标从个性化阅读，进一步指向创造性思维的培养。探究性阅读和创造性阅读，必须以理解性阅读为基础。这里的关键是，探究的问题是从既定文本出发，有所发现，有所质疑，还是从某些原则或公式出发？有的学生在学习《鸿门宴》一文时，对课文提出了几点质疑，实际上指出了作者运用虚构手段带来的三处漏洞，表现出了极为可贵的质疑精神，而这种质疑是以对文本的细读工夫为前提的。有的教师在教学一篇题为《父母的心》的课文时，提出了三个思考题：你觉得父母对孩子的爱和孩子的爱之间可以画等号吗？如果你家很贫困，有富人家要收养你，你愿意吗？你嫌弃过自己的家庭，讨厌过自己的父母吗？这样的“牵引”，主观意图虽好，但游离阅读文本的主题，又脱离学生的经历和思想，既无必要，也难以回答。如果学生能联系自己的生活经验、思想情感，或者已经积累的阅读体验，从文本中激发出新的想象和联想，对文本的意义加以适当引申，赋予新的意义，这应该说是符合创造性阅读的要义的。但如把创造性阅读理解成不顾作品的基本意义而随心所欲地进行解读，是一种要不得的“过度阐释”。

第四条目标主要涉及以下内容：关于阅读文本的类别，过去高中大纲的分类是“比较复杂的”记叙文、说明文、议论文以及文学作品。这分类固有其历史的合理性，但它也在一定程度上造成了阅读教学的固定套路，至于什么是“比较复杂的”也很难把握。现代思维科学理论把人的思维大致分成三个基本层面，即分析性思维、创造性思维、实用性思维，与之基本对应的语文能力，应该是探究能力、审美能力、应用能力。那么在阅读中，根据文本涉及的思维特征进行分类，可以尝试分为论述类文本、文学类文本和实用类文本。这是从能力层面和思维特征的角度对文本进行的综合性分类，本书认为比较符合高中阶段的要求。当然，三类文本与三种思维能力不能机械地加以对应，三类文本只是一个大致的分类，三种思维能力也不是截然分离的，只能说各有侧重。

不同类型文本的阅读教学应该各有重点。这在“教学建议”部分有相关表述：阅读论述类文本，教师应引导学生把握观点与材料之间的联系，着重关注思想的深刻性、观点的科学性、逻辑的严密性、语言的准确性，着重培养学生的概括、提炼、分析、判断、综合等抽象思维能力；阅读实用类文本中的新闻，应引导学生注意材料的来源与真实性、事实与观点的关系、基本事件与典型细节、文本的价值取向与实用效果等；常用应用文教学，应主要借助文本示例来了解其功能和基本格式，以学生自学为主，不必作过多分析。需要注意的是，学生对文本内容的准确解读和对文本信息的筛选处理能力尤为重要。

关于不同类型文本的阅读方法，目标强调的是根据不同阅读目的，针对不同阅读材料加以选择，注重精读、略读、浏览、速读等多种方法的综合、灵活运用。

二、“阅读策略”教学

（一）确定重要内容（区分重要和非重要信息）的策略

熟练的读者往往根据阅读目的有区别地阅读重要的和非重要的信息。文章的重要内容可以从两个角度去确定。一是作者在文章中所表达的重要意思。好的读者比差的读者能够更准确地判断作者写作的关键部分。好的读者是运用三种方法完成这一任务的：运用他们丰富的知识来理解和评价文章的内容；运用他们关于作者的看法、意图、目的等帮助确定重要内容；运用他们关于文章结构的知识帮助确定和组织信息。文章结构知识在帮助读者确定重要和非重要信息以及在组织和回忆信息时具有特别重要的作用。能确定和运用文章上层水平结构的读者比不能运用的读者回忆的信息更多。二是读者所需要的重要信息。这和前者有时是一致的，有时又有区别。学校的阅读教学往往注重指导学生去确定作者认为重要的部分，而忽略确定读者认为重要的部分。

虽然传统教学没有直接指导学生怎样区分重要和非重要信息，但研究表明可以通过教学使学生获得这一策略。而且，拥有区分重要和非重要信息的能力可以更加有效地理解文章内容。因此，这一策略是认知理论课程的主要组成部分。

（二）概括信息策略

概括信息策略是指在阅读中简明扼要地写出所读材料的内容梗概，它是对原读物的浓缩，反映了原文章的主旨。

阅读中运用概括信息策略，有利于开展分析加工和整合加工的认知活动。概括文章的信息需要对文章内容进行取舍和浓缩，取舍和浓缩文章信息的过程也是对所读文章进行深入而全面的分析加工和整合加工的过程，因此，它能帮助读者加强对文章的理解和记忆。概括常和确定重要信息混淆。其实概括是更广泛、更综合的认知活动。确定重要信息是概括的必要条件，但不是充分条件。概括信息需要读者仔细审视文章的整体内容，区分重要和非重要观点，然后综合这些观点，写出代表原文主要内容的梗概。这是较难的认知活动。

概括也分为从作者的角度去概括和从读者的角度去概括。从作者的角度去概括是为了理解文章和回忆重要信息而进行的认知活动。因为这种概括只是概括者自用的，所以概括的范围、数量、形式都比较自由。从读者的角度去概括是要求学生为具体的读者对象（家长、学生、报纸等）去概括一本书、一篇文章。这就要求学生注意篇幅、结构、语言等问题，突出重要信息。从读者的角度去概括是在理解的基础上进行的写作。

要培养学生掌握和运用概括信息策略，必须在阅读教学中进行循序渐进的系统的概括策略教学。概括教学系统主要包括以下内容：概括句子、概括段意、概括文章部分内容、概括一篇文章内容、概括文章中心思想、概括一本书或几篇题材相同的文章的内容。

（三）推理信息策略

推理是阅读理解过程的核心。所谓推理策略，是指读者在具体的语言环境中，运用自己原有的知识和文章提供的信息创造出新的语义信息。当读者建构文章意义模式时，他们运用推理去补足文章省略的内容。即使阅读最简单的文章，也需要进行推理。

阅读推理策略有三个特点。一是语言环境对阅读推理具有重要的影响。这是阅读推理和逻辑推理的根本区别。逻辑推理是形式推理，在所有情景中其推理过程和结果都是一样的。而阅读推理是心理语言学的推理，对情景具有高度的依赖性。相同的语言内容处于不同的语言环境，其推理结果是不一样的。二是推理是文章提供的信息和读者原有知识之间相互作用的结果。文章提供的信息引发推理。读者原有的知识决定着推理的丰富性和合理性。三是推理的结果是创造出新的语义信息。这新的语义信息既不同于文章提供的语义信息，也不是读者原有知识的翻版，而是一种创新，源于前两者，又高于前两者。

阅读中一般要进行的推理主要有两种。一是连接推理。这是指通过推理把文章不同内容联系起来。读者阅读文章总是从一句到另一句，从一部分到另一部分，一边阅读，一边把文章的各个句子、各个部分的内容联系起来，形成对文章内容的连贯的整体印象。有时候，文章内容之间、部分之间的联系是明显而直接的，这时候读者很容易把它们联系起来构成整体印象。但有时候，文章没有提供内容之间直接而明显的联系的信息，这时读者必须通过推理创造出一些新的信息，把文章不同部分的内容联系起来，形成整体印象。否则，对文章的理解就会出现断裂，只能获得支离破碎的语义片段。二是阐释推理。这是指通过推理把文章没有明说的内容阐释清楚，从而对文章的理解更丰富、全面而深入。有的文章内容写得微妙而隐晦，要理解这些含蓄的语言，需要进行阐释推理。

因此，在阅读教学中，教师必须教学生学习推理策略，促使学生把原有知识和文章的知识整合起来，获得对文章丰富而深入的理解。

（四）质疑释疑策略

教师提问一直是阅读教学的主要方法，学生提问则很少被运用。在阅读中进行质疑和释疑是促进理解的有效策略。因此，引导学生掌握质疑释疑策略对培养学生的阅读能力具有重要的意义。

首先，质疑释疑在阅读中起导向作用。人们阅读文章时，不可能对文章中每一个词语、每项一内容都进行同等深度的信息加工，而是选择对文章某些部分（如重要内容）做精细加工，对另外一些部分（如次要细节）做粗略加工，甚至忽略不做加工。阅读中的质疑释疑正是把注意力引到为完成学习任务而需要深入加工的信息之上，使信息加工更有效。

其次，质疑释疑可以推动积极的信息加工活动的开展。学生阅读时提出问题，尤其是提出需要综合文章内容才能解决的问题，能促使学生积极地阅读，启动和促进各级水平和各种方式的信息加工，加深对文章的理解和记忆。

再次，质疑和释疑可以提高学生的元认知能力。优秀的读者在阅读中具有良好的元认知能力；他们有明确的阅读目的，知道为了实现目的应做什么和怎样做；他们能够监控自己理解的状况，当遇到理解困难时能采取必要的修正策略。但是，一般学生在阅读文章时，往往没有明确的阅读目的，也不知道自己阅读后对文章是否理解和理解的程度如何。学生提出问题和寻找问题的答案，可以明确自己对文章的理解状况，以便进一步调整阅读认知活动。当学生不能回答问题时，可以再次加工相关信息，从而加深理解。这往往要运用往回看的策略，仔细阅读包含答案的部分内容，或综合各个部分的内容形成答案。有的学生缺乏这种策略。因此，引导学生运用质疑释疑策略，是培养学生元认知能力的关键一步。

最后，质疑释疑有利于激活学生的原有知识，从而使其加深对文章的信息加工。如前所述，学生原有知识影响着他们对文章的理解。学生缺乏恰当的原有知识会难以理解文章的内容。学生有时阅读理解困难，不是因为缺乏原有知识，而是因为没有激活相应的原有知识。因此，学生在阅读中可以通过恰当的提问来唤醒头脑中储存的相关概念和经历，用来解释和重组所读文章的内容，使所读的内容更有意义，从而加深对文章的理解和记忆。

（五）监控理解策略

好的读者比差的读者阅读得更好，不仅在于好的读者对文章的理解更全面、更深刻，而且在于其阅读时对策略过程的监控和调节。监控理解策略主要包括以下几点。一是定向。读者在阅读前，可通过分析阅读要求、读物特点、学习环境来确定阅读目的，以便按照目的来引导信息加工，这是成功阅读的前提。好的读者和差的读者的一个明显差别是阅读目的是否明确。二是计划。这是选择适合阅读目的、读物特点和自身特长的阅读策略，采用这一策略能使阅读活动顺利进行。好的读者能够灵活运用策略。他们在不同的情景中运用不同的策略，能够根据文章和任务要求调整策略。如教师可要求学生回答问题时选择以下三种策略中的一种，这三种策略是：从文章中直接找答案、综合文章内容、运用原有知识。有的学生能更好地选择恰当的策略；有的学生趋向于运用唯一的策略回答问题，他们呆板地运用简单的文章匹配或尝试回答策略。三是检查。检查是否理解所读文章的内容。阅读有时会出现对所读内容不理解的现象，对大多数读者来说，下面两种情况会使文章信息难以理解：缺乏理解文章所必需的知识；原有知识和文章信息产生矛盾（如自己常识存在错误、自己的认识模糊、文章信息含糊或差错等）。好的读者能够意识到他们的理解和所建构的文章意义模式产生了矛盾；差的读者却很少意识到理解的障碍。四是调节。就是根据理解情况来调整阅读策略，改变注意程度和阅读速度，即当发现阅读困难时知道采取什么补救措施。好的读者监控自己的理解，当遇到问题时知道做什么。在监控中他们预料可能出现的问题，并采取行动去解决问题。差的读者很少意识到理解时存在的问题，即使意识到问题也没有能力去解决问题。五是评价。就是阅读结束后评价自己的理解程度，了解认知活动的结果是否达到目的，以获取反馈信息。总的来说，监控理解有两个最主要的组成部分：意识到理解的正确性和深度；当发现理解失败时知道做什么和怎样做。指导学生掌握监控理解策略是阅读教学的一个重要内容。

（六）激活原有知识策略

阅读认知过程的一个重要信息加工方式是同化加工，即读者利用原有知识去解释、消化文章的信息。因此，学生在阅读前是否具有恰当的原有知识，在阅读时能否激活这些知识影响着他们对所读文章的理解和记忆的程度。激活原有知识对阅读认知过程的重要作用主要表现在以下几个方面。在阅读前激活原有知识，能使学生产生阅读期望或图式。例如，新学期开学一般包括迎接新生和开学典礼等热烈场面，学生阅读有关新学期开学的文章时会期望文章可能包含这些内容，这种期望会引导学生阅读时注意与期望相联系的内容，便于对这些信息进行迅速而深入的加工。阅读时激活原有知识，能使学生运用原有知识来补足文章里省略的信息。原有知识主要表征现实生活是什么样子。理解文章，首先是利用原有知识去解释文章提供的信息所反映的现实生活情景，有的人看到“玻璃杯掉到地上”的句子，就像听到

“嘣”的一声响，看到了满地玻璃碎片的情景，这是对文章进行分析和整合加工时利用原有知识去重构现实生活情景的结果。其次，文章部分内容间的联系也是利用原有知识去推理出来的，有的句子、有的部分，表面上看毫无联系，但经过对原有知识的消化，它们内在的意义联系就显示出来了。这是因为人们具有丰富的有关现实生活的内容及其联系的知识，这些知识可以帮助人们把分开的信息项联系在一起。文章部分内容间的联系只有在原有知识的帮助下才能建立起来。阅读后激活原有知识，能加快学生对文章内容的回忆。例如，阅读一篇有关婚礼的文章，具有这方面知识的学生能运用原有知识形成的图式引导记忆搜寻。

虽然学生的原有知识对理解文章起着关键的作用，但原有知识与理解之间的关系并不是简单而垂直的。有时，原有知识没有被激活，不能用于理解过程，这时学生只能对文章进行不完全的分析加工和整合加工，被动地接受文章提供的信息，这样往往容易形成死记硬背的学习方式。若原有知识不完善、零碎、肤浅，这时学生对文章提供的信息进行解释、消化会出现困难，甚至可能会出现错误的解释。原有知识和文章提供的信息产生冲突，这时学生原有知识的影响可能处于优势，这种状态下，学生可能会歪曲、排斥文章的新信息；或者文章新信息包含充分的理由和证据足以说服学生修改原有知识，接纳新的信息。也就是说，原有知识既可能促进阅读理解，也可能妨碍阅读理解。

总之，学生理解文章内容，主要依赖于自己的原有知识与要获取的新信息的交互作用。当原有知识没有被激活，或原有知识出现缺乏时，学生对阅读内容往往产生肤浅理解甚至是不理解。因此，在阅读教学中引导学生调动他们的原有知识和生活经历来解释和消化文章内容具有重要意义。

以上所列举的只是一些经过理论分析和实验检验后行之有效的阅读策略，除此之外，尚有许多阅读策略有待研究。

第二节　语文写作教学

一、写作教学

写作教学是语文教学的重要组成部分。新课标提出："写作教学作为一项教师与学生的双向活动，要求教师与学生进行交流与互动，进行写作能够培养学生的表达能力和观察能力，并且能够满足学生的实际需要。"王世堪教授在《中学语文教学教法》一书中提到："写作教学是教师按照教学目标指导学生进行写作，使学生养成写作习惯，形成写作素养的教学活动。"可见，写作教学是教师指导学生选取材料、整理思路、提高书面语言表达能力的教学、训练活动。

中学语文写作教学指的是在中学阶段，教师对语文写作进行的教学，是教师立足学生的年龄及心理特征，根据中学语文写作教学目标展开的一系列教学活动。教师可通过指导学生自己构思、自己组织语言来表情达意，培养他们的书面表达能力，从而提高学生的写作能力和写作素养。

二、写作教学设计

（一）教学设计的要素

教学设计是针对具体的学生，对教学内容在规定时间的纵向展开进行合理的安排。或者说，教学设计就是教学内容在具体班级的条理化、程序化。

教学设计在国际教学研究领域已成为一个具有较为完整和严密的理论方法体系和具有较强操作性的独立学科。教学设计体系包括七个子系统，为教学设计的基本内容和操作步骤规定了"七步"：第一步，确定教学目标；第二步，分析学习者的特征（是否具有学习当前内容所需的预备形式以及具有哪些认知特点和个性特征等）；第三步，根据教学目标确定教学内容（为达到教学目标所需掌握的知识单元）和教学顺序（对各知识单元进行教学的顺序）；第四步，根据教学内容和学习者特征的分析确定教学的起点；第五步，制订教学策略（包括教学内容活动进程的设计和教学方法的选择）；第六步，根据教学目标和教学内容的要求选择和设计教学媒体；第七步，进行教学评价（以确定学生达成教学目标的程度），并根据评价所得到的反馈信息对上述教学设计中的某一个或几个环节进行修改或调整。

（二）教学设计的特征

1.预见性

预见性是教师在教学设计之前，对课堂教学情境、师生互动、教学内容和方法的实施与变动、教学目标的达成、教学中可能出现的问题、课堂教学效果等诸方面进行的周密分析和科学预见，以保证课堂教学顺利开展。只有根据具体学生、具体情境、具体文本，对即将展开的教学进行科学的预见，才能进行周密的课堂教学设计。

2.目的性

没有明确的目的，就没有成功的设计。目的是设计的方向。课堂教学设计的目标应该是经过一两节课的努力能够实现的。目标定得太空泛或太高，经过一两节课的努力根本不能实现，容易使课堂教学内容组织松散；目标定得太低，又容易使课堂教学效率偏低，不太容易调动学生的积极性。教学设计中目标的确定，要注意结合课程目标、教材内容和学生的实际情况，具体而务实。

3.可行性

教学设计要充分考虑设计内容、策略的可行性。特别要考虑一定时间的合理分配；要考虑教学方法与学生、与教师本人执教风格的匹配度。同样的教学设计，由不同的教师执教或者在不同的班级实施，效果可能截然不同。因此，教师在模仿、借鉴他人教学设计的时候，切忌盲目照搬，要考虑设计执行者和设计实施对象之间的差异，以保证教学设计成功实施。

4.开放性

开放性是教学设计的特性。一般的设计强调设计对执行的约束性，即设计一旦确定，对完成任务的实际活动起指导和约束作用。任务的开展、时间的安排都必须严格按照计划。但是，教学设计强调预设的同时，也强调开放。这是由教学对象的独特性决定的。教学的对象是人，是具有主观能动性的学生。教学对象的特殊性决定了课堂教学系统的复杂性和开放性。在这个系统中，有保障设计顺利实施的确定性因素，如任务、文本、目标、教师，也有影响设计按既定方向运行的不确定因素，如学生的反应、师生的互动和课堂变化的情境。因此，教师在进行教学设计的时候，一定要注意设计“留白”，也就是预见课堂教学中各种不确定的因素，并保持开放的心态，机智地根据课堂教学中的各种“变化”来调整原有的设计，以保证目标的顺利实现。

（三）中学写作教学设计的反思与讨论

下面，我们根据教学设计的要素和特征，对写作教学实践展开反思与讨论。

1.从总体看，教学设计是当前写作教学的薄弱环节

中学写作教学设计的问题，首先在于设计意识的淡薄。换言之，目前写作教学设计的问题，首先不是设计“好不好”的问题，而是设计“有没有”的问题。

课堂里写作教学设计的“缺失”或“自我放逐”表现为教师热衷于以学生的“习得”式“自由写作”代替通过“教”使学生“学得”写作知识、提高写作能力的规范教学。

写作教学设计的缺席，与教师的写作教学观有关。许多教师对写作“可教还是不可教”存疑。还有相当一部分教师认为，写作唯一的法门是练，除此之外别无他法。放弃对写作教学的“教”，是一种“无为而治”。还有一些教师认为，让学生“爱写什么就写什么”能激发学生写作的兴趣，“兴趣是最好的老师”。因此，这些教师在写作课上的努力是想方设法请来“兴趣”这个“老师”，以代替自己。可以说，主张放弃一本正经的课堂写作教学的声音从来就没有断过，这样的声音在其他学科是很少出现的，但是，在语文学科常常是“理直气壮”地出现：改革作文现状，一要取消集中辅导和训练；二要取消内容、文体及字数的限制，仅作数量的要求。写作教学，连要不要“教”都需要讨论，教学设计落后的问题，也就不难理解了。

因此，教师在写作教学中的设计，往往表现为课前寻找合适的作文题，课堂教学大部分时间，交给学生自由写作。

2.写作教学设计的重点，往往放在写作内容上

撇开一些教师在写作课上“不作为”的问题，应该承认，许多优秀的教师在作文教学改革上进行了积极的、卓有成效的探索与努力。但是也应该看到，当前写作教学设计有一种明显的倾向，即教师往往把设计的重点放在“写什么”上。如何迅速有效地在一堂课的有限时间里，帮助学生“获得”可以写的生活内容，是当前许多语文教师写作教学设计的追求。

在“找内容”这样的目的指引下，出现了一些以“制造写作内容”为中心的教学设计，设计的策略主要有三种。

（1）搞活动

这种课的一般顺序是：（教师）设计活动—（师生）组织开展活动—（学生）进行写作活动。这样的教学设计，实质上就是“生活体验式的活动开发与组织”，目的是解决写作“无米下锅”的窘境。比如，在作文课上组织学生炒菜，炒完了菜，要求学生把整个活动过程写下来。

（2）设情境

这种课的一般顺序是：教师创设与题目相关的具体生活情境—学生体验（主要以情感的体验为主）—记录体验或感悟。教学设计等同于“情境的设计与体验”。比如，某语文教师在上课铃声响了以后，迟迟不去课堂，教室里炸开了锅，学生纷纷猜测教师不出现的原因。近15分钟之后，教师才假装“急匆匆”地走进教室，什么话也不说，挥笔在黑板上写下“当老师迟到以后”，要求学生开始写作。

（3）读材料

这种课的实质是引导学生通过文字间接“体验”生活。因为它省时、经济、方便，为许多语文教师所热衷。比如，教师分发材料，让学生写“读后感”，目的是让学生从文字材料中获取写作内容。

上述三种设计，基本假设是：学生作文的问题出在生活的“源流”上，“源流”枯竭，因此内容“贫乏”，所以，教学设计从“开源”着手，让学生通过“生活体验”来获取写作内容。

强调写作与生活的联系，这种做法无可厚非。但是，把课堂教学设计的重点放在“生活制造”或者“生活体验”上，却值得反思：首先，需要反思这种教学设计的前提——“学生写作的最大困难，在于内容缺失，而内容的

缺失，原因在于生活经验的贫乏”是否成立？其实，“写什么”的内容问题和“怎么写”的技能问题孰重孰轻，至今尚无定论。其次，就算“写什么”更重要，学生生活经验贫乏的问题，能否通过课堂上时间短暂的“体验”解呢？

3.写作教学目标的设计，往往过于空泛

在中国期刊网输入“写作教学设计”可检索到近百个写作教学设计方案，浏览这些教学设计，不难发现，写作教学目标设计也存在较大的问题，这些问题集中在三个方面。

（1）目标的设计过于空泛

比如，某教师设计的作文课名为《因为出彩，所以出众》，教学目标是：感受优秀作品用词之传神；初步学会用恰当的词语形象化地表达。什么叫“初步学会”？评定学生“初步学会”的标准是什么？什么是学生应当学会的“形象化表达”的技巧？

（2）目标的设计过于宏大，不具有可行性

比如，某教师设计的作文课教学目标是“引领学生在作文体验中学会做人”“培养学生对事物有正确的情感态度”“指导学生学会观察生活”。这样的目标定位，常见于写作教学设计。其不当之处是不能正确处理写作教学“可教”与“不可教”的关系，不能正确处理“教”与“育”的关系。把需要长期培养的写作态度、写作情感、写作价值观等放在课堂有限的时间内是不太合适的。

（3）目标的设计过于随意

前文提到，教学目标的设计要结合课程目标、学生实际和教材内容，体现目标设计的依据。但是，由于写作教学内容选择的随机性，有些教师往往根据个人喜好而不是课程内容的安排来选择作文题目，写作教学目标的设计随具体题目而设，琐碎且狭隘，缺乏系统性和连贯性。

第三节　语文口语交际教学

一、口语交际教学的理念和目标

为了开展好口语交际教学，提高学生的口语交际能力，在语文教育中必须明确口语交际教学的理念和目标，弄清其与阅读教学、写作教学之间的关系。新的语文课程标准提出了口语交际教学的理念，制订了不同阶段的教学目标，使教学有了依据和方向。

（一）口语交际教学的理念

口语交际教学的理念即对口语交际教学的基本认识或价值取向，它是在对口语交际教学的深刻分析和未来发展研究的基础上形成的。语文课程标准对口语交际教学的理念作了阐述，口语交际是现代公民的必备能力。应培养学生倾听、表达和应对的能力，使学生具有文明和谐地进行人际交流的素养。《普通高中语文课程标准（2017年版2020年修订）》也提出良好的口语交际能力是现代公民的重要素养。口语交际是在一定的语言情境中相互传递信息、分享信息的过程，是人与人之间交流和沟通的基本手段。口语交际教学应注重培养人际交往的文明态度和语言修养，如有自信心、有独立见解、相互尊重和理解、谈吐文雅等。应重视指导学生在各种交际实践中提高口语交际能力，选择他们感兴趣的、贴近生活的交际话题，采用灵活的形式组织口语交际教学，而不必过多传授口语交际知识，还应鼓励学生在各科教学活动及日常生活中锻炼口语交际能力。这些理念是依据时代和社会发展的迫切需要提出的，对以往的听说教学思想有促进作用，充分体现了以人为本的思想，具体表现在以下几个方面。

1.口语交际教学应着眼于提高学生的素质

现代社会对学生的综合素质提出了更高的要求，其中之一就是应具备一定的口语交际能力。口语交际教学不仅要求发展学生的听说能力，而且要求提高学生在口语交际中规范口头语言、培养言语交际、待人处事、临场应变、表情达意的能力。这不仅是一种人际交流中表现出来的灵活、机智的听说能力，还是一种做人、做事与交往的能力，更是一个人能否和谐发展、能否融入社会的问题，实际上反映了现代社会对公民素质的要求。口语交际教学正是着眼于学生未来的发展和着力于培养高素质的现代公民，即着眼学生的明天，关注学生将来的发展。学生只有具备了一定口语交际能力，才能促进自身素质的提高，才能适应现代社会生活的需求。

2.口语交际教学应促进国际的沟通交流

口语交际不仅是一种个体行为，而且是一种双方的互动交往。一个人能说会道，会听别人的话语，却不一定能与他人沟通。也就是说他虽有听说技能，但并不一定能达到与人沟通的目的。这里就存在一个如何沟通、如何与人相处、如何与人合作的问题。人无时无刻不处于社会生活之中，当今人与人、人与社会的交流越来越频繁，运用口语交际处理好人际沟通交流越来越重要。缺乏沟通可能导致封闭、落后。所以，口语交际教学应注意培养学生如何与人相处、如何发展合作精神。既然是交际活动，那么双方在应对中的情感态度就十分重要，在交往中应有文明态度和语言修养，要有自信心、有勇气、有独立见解、诚恳待人、尊重对方、谈吐文雅，能够按照口语交际的要求文明地进行交流沟通和社会交往。这是与人沟通的必需，也是与人合作的前提。口语交际教学应对此予以重视。

3.口语交际教学应注重培养学生的能力

口语交际要求有较好的理解力、判断力、语言组合能力、思维能力和应变能力等，因而教师进行口语交际教学不必过多传授口语交际知识，而应注重能力的培养。学习口语交际的方式具有十分突出的实践性。口语交际教学要让学生在交际实践中学习，如要为学生创设生动、具体的口语交际情境，让学生积极主动地进入口语交际实践；要精心设计和组织各种有趣的活动，让学生在活动中锻炼口语交际能力；要帮助学生克服怯于表达的心理障碍，通过积极的评价，发挥其激励功能，帮助学生自信、大胆地进行口语交际。这样，学生才能在教师的指导下，在课内外口语交际实践中提高能力。

一些教师对口语交际的认识存在某些偏差，所以其教学实践往往陷入一些误区，如口语交际内容远离学生生活，缺乏真实性和实用性；口语交际处于单向活动，缺乏交互性；口语交际只局限于优等生，缺乏参与的全体性；

教师只是言语交际的参与者，缺乏教学过程中的引导性；等等。教师教学必须全面理解和掌握口语交际的理念，寻求对策，走出误区，从而不断提高口语交际教学水平。

（二）口语交际教学的目标

口语交际是中学阶段语文教育的重要内容之一，明确口语交际教学的目标，有利于全面完成口语交际教学任务。语文课程标准制订了口语交际教学的总目标和各学段目标。

1.义务教育阶段的口语交际教学目标

具有日常口语交际的基本能力，在各种交际活动中，学会倾听、表达与交流，初步学会文明地进行人际沟通和社会交往，发展合作精神。

义务教育阶段的口语交际教学目标分为四个学段。

第一学段：学讲普通话，逐步养成讲普通话的习惯；能认真听别人讲话，努力了解讲话的主要内容；听故事，看音像作品，能复述大意和精彩情节；能较完整地讲述小故事，能简要讲述自己感兴趣的见闻；与别人交谈，落落大方，有礼貌；有表达的自信心；积极参加讨论，能感兴趣的话题发表自己的意见。

第二学段：能用普通话交谈；能在交谈中认真听，并就不理解的地方向人请教，就不同的意见与人商讨；听人说话能把握主要内容，并简要转述；能清楚明白地讲述见闻，并说出自己的感受和想法；能具体生动地讲述故事，努力用语言打动他人。

第三学段：与人交流能尊重、理解对方；乐于参与讨论，敢于发表自己的意见；听他人说话认真耐心，能抓住要点，并简要转述；表达要有条理，语气、语调适当；能根据交流的对象和场合，稍做准备，做简单地发言；在交际中注意语言美，抵制不文明的语言。

第四学段：能注意对象和场合，学习文明得体地进行交流；耐心专注地倾听，能根据对方的话语、表情、手势等，理解对方的观点和意图；自信、负责地表达自己的观点，做到清楚、连贯、不偏离话题；注意表情和语气，使说话有感染力和说服力；在交流过程中，注意根据需要调整自己的表达内容和方式，不断提高应对能力；讲述见闻，内容具体、语言生动，复述转述，完整准确、突出要点；能就适当的话题作即席讲话和有准备的主题演讲，有自己的观点，有一定说服力；课堂内外讨论问题，能积极发表自己的看法，有中心、有条理、有根据；能听出讨论的焦点，并有针对性地发表意见。

评价学生的口语交际能力，应重视考查学生的参与意识和情意态度。评价必须在具体的交际情境中进行，让学生承担有实际意义的交际任务，以反映学生真实的口语交际水平。

2.普通高中阶段的口语交际教学目标

增强人际交往能力，在口语交际中树立自信，尊重他人，说话文明，仪态大方，善于倾听，敏捷应对。注意口语的特点，能根据不同的交际场合和交际目的，恰当地进行表达；能借助语调和语气、表情和手势，增强口语交际的效果；学会演讲，做到观点鲜明，材料充分、生动，有说服力和感染力，力求有个性和风度；在讨论或辩论中积极主动地发言，恰当地应对和辩驳；朗诵文学作品，能准确把握作品内容，传达作品的思想内涵和感情倾向，具有一定的感染力。

在实践活动中增强口头应用的能力，能根据交际的需要，选择恰当的时机和场合，提出话题，敏捷应对，注意表达效果；能参加演讲与辩论，学习主持集会、演出等活动；口语交际的评价，应考查学生参与口语交际实践的态度，能否把握口语交际的基本要求，善于倾听，在交流中捕捉重要的信息，清楚、准确、自信地表达自己的思想和感情。

上述义务教育阶段和高中阶段的口语交际教学目标具有以下特征。

（1）阶段性：口语交际教学在总目标下分设四个学段，按九年一贯的思路，整体设计，分段实施，呈螺旋上升状态。随着年级的升高，各学段对某一内容的教学要求也逐步提升。如听人说话，第一学段要求能认真听别人讲话，努力了解讲话的主要内容；第二学段要求听人说话能把握主要内容，并能简要转述；第三学段要求听他人说话认真耐心，能抓住要点，并简要转述；第四学段要求耐心专注地倾听，能根据对方的话语、表情、手势等，理解对方的观点和意图。这些目标根据学生年龄、年级的特点，在不同阶段有不同的教学侧重点，体现了鲜明的阶段性。教师可按照各阶段的目标由浅入深、由易到难地实施教学。

（2）完整性：口语交际教学目标有总目标和各学段目标，有义务教育阶段目标和高中阶段目标，这些不同的目标构成了完整的目标体系。同时，这些目标整合了知识和能力、过程和方法、情感态度与价值观三个维度的要求。具有日常口语交际的基本能力，是知识和能力的目标；在各种交际活动中学会倾听、表达和交流，是过程和方法的目标；初步学会文明地进行人际沟通和社会交流，发展合作精神，是情感态度与价值观的目标。这表明口语交际教学目标不仅考虑学生能力的提高，也关注口语交际能力习得的过程和方法，以及在这个过程中应当获得的健康的情感、积极的人生态度和正确的价值观。教学目标的三个维度相互渗透，融为一体，体现了其完整性，充分注重了学生语文素养的整体提高。

（3）可行性：口语交际教学目标符合学生的身心发展规律和学生语文学习的规律，具有较强的可操作性，为教科书选择、编拟和确定口语交际的教学内容提供了依据。如根据“听故事、看音像作品，能复述大意和精彩情节”这一目标，可以在教学中安排“听故事、讲故事”“听童话、演童话”之类的教学内容；根据“在交谈中能认真倾听，并就不理解的地方向人请教，就不同的意见与人商量”的目标，可以设计“向别人请教”“学会商量”等教学内容。如此，口语交际教学目标经过细化，明晰具体，切实可行，便于实施。

（4）开放性：口语交际教学目标中要求“具有日常口语交际的基本能力”“增强人际交往能力”“能根据不同的交际场合和交际目的，恰当地进行表达”“课堂内外讨论问题”等，这表明了口语交际教学要面向社会、面向生活、课内外结合。教师应当深入学生、了解学生，努力选择贴近学生生活的话题，鼓励学生在各科教学活动及日常生活中锻炼口语交际能力，把口语交际教学的外延拓展到学生所有的生活领域。教师如果无视学生实际，不能联系生活，拘泥于教材，就无法实现口语交际教学目标。所以，开阔眼界，加大教学的开放力度，为学生搭建一个与现实生活相联系的口语交际平台，将使口语交际教学取得良好的效果。

口语交际教学目标的以上特征，为教师开展口语交际教学提供了广阔的视野。提高学生的口语交际能力，不仅是语文教育的一项基本内容，也是现代社会对公民素质的一个基本要求。口语交际能力的培养，不仅有利于提高学生的语言能力，还有利于活跃思维、提高思考敏捷度和应变能力，对促进学生适应社会、培养他们形成良好的人际关系也有积极作用。因此，语文教育应以新理念对口语交际教学给予更多的关注。

（三）口语交际教学与读写教学的关系

口语交际与读写同是语文教学中不可分割的一部分，它们有机地统一于语文教学之中。口语交际是通过口头语言进行的，读写是通过书面语言进行的。口头语言是书面语言的基础，它不断丰富和发展着书面语言，离开口头语言，书面语言就会僵化，从而丧失生命力。书面语言一经形成，便规范、净化和优化着口头语言。口头语言与书面语言密切相关，相互影响。因此，口语交际与读写既有区别，又互相联系，互相依存。

人们学习语言，通常是从听、说开始，在口语交际中逐步提高口头语言的理解能力和表达能力，然后学习读写，提高书面语言的理解能力和表达能力。从口语与书面语的关系来看，提高口语交际能力有助于读写能力的发展，读写能力的发展又促进口语交际能力的提高。因此，口语交际教学与读写教学是相互促进、相辅相成的。正确地处理它们之间的关系，可以相得益彰，使口语和书面语和谐一致地得到发展。

1.口语交际教学与阅读教学的关系

（1）口语交际教学对阅读教学的促进

口语交际影响着阅读，有利于阅读能力的提高。其一，口语交际需要一定的材料，其中相当一部分靠阅读获得。搜集信息、汲取营养、探求新知，这些在无形中扩大了学生的阅读面，培养了学生积极阅读的态度和良好的阅读习惯。其二，口语交际可以培养学生的语感，学生的语感增强了，阅读能力也会得到相应的提高。其三，口语交际教学有助于学生智力的开发和思维能力的提高。说话准确清楚反映了思维的准确性、敏捷性、条理性和逻辑性；而在口语交际中形成的思维能力及观察力、想象力、联想力，都能帮助学生加深对阅读内容的理解，提高阅读能力。其四，口语交际教学可采取不同的方式，如就课文内容进行即兴发言、演讲、交谈、采访、讨论、表演（对白）、辩论等，这不仅可以激发学生的兴趣，还可以活跃阅读教学气氛，帮助学生正确理解所学内容，体会感情，使阅读教学取得更好的效果。

（2）阅读教学对口语交际教学的促进

阅读可以丰富学生的语言积累，增强其口语交际能力。其一，阅读教学为口语交际提供了内容。口语交际得有话题，才能有话可说，课文及其他内容为口语交际提供了材料，使师生之间、学生之间有了共同的交流基础。其二，阅读就是理解原文、进行思考的过程，阅读能力的提高意味着理解能力和思维能力的提高，这一能力能促使说话明晰完整，有条理，有逻辑。其三，阅读课文为口语交际提供了学习语言的范例，课文大都是文质兼美的文章，学生可以通过学习，提高语言的鉴别能力和感受能力，学到富有表现力的语言和遣词造句的技巧，学到运用语言的技巧，使口语交际更准确得体、富有表现力。其四，阅读教学给口语交际提供了大量练习和指导的机会，教师在阅读教学的各个环节都可以安排口语交际练习，如朗读、复述、口头答问、口头质疑、讨论等，对此进行必要的指导，可以增强教学效果。

（3）口语交际教学与阅读教学应密切结合，相互促进

教师不应把口语交际教学看作孤立的形式，而应与阅读教学相结合。在阅读教学中进行口语交际训练，教师可通过让学生对范文的朗读、复述、答问、讨论等形式，品味文章蕴涵的情感，体味作者遣词造句的妙处，变书面语言为口头语言，从而训练学生的口语交际能力。如在阅读教学中学生理解课文有一定难度，为了帮助学生理解，教师可提出一些问题让学生思考、回答。教师要在关键地方巧设问题，启发学生积极思考，给学生创造口头表达的机会。教师提出的问题，要使学生感到有话要说，有话可说，使之发言积极，讨论热烈。这实际上就是进行了一次很好的口语交际训练。同样，口语交际教学也可让学生根据所学的课文内容进行对话、讨论、辩论、演讲等，使学生加深对阅读课文的理解，形成良好的倾听习惯，学会及时调整表达的内容。

2.口语交际教学与写作教学的关系

（1）口语交际教学对写作教学的促进

口语交际中的说话是写作的基础，把要说的话写成文字，就是文章。如果话说得通顺明白、有条理，写作也就通顺有条理，提高口语交际能力对提高写作能力是大有好处的。其一，口语中有取之不尽、用之不竭的语言素材，在口语交际中博采口语，从中汲取养料，可以丰富语言，破除写作中语

言干瘪乏味的弊病。其二，降低写作难度。写作前，教师可让学生把要写的内容，有头有尾、有条理地说给大家听，由同学和教师进行评论，肯定其优点，指出其不足并提出改进的意见。经过自己口说、大家提意见，学生动笔写作时，心里有谱，写出来的文章质量就会有所提高。其三，拓宽写作思路。写作前让学生进行讨论交流，可以帮助学生明确题意，活跃思维，理清思绪，使学生从中得到启发，增强写好作文的信心。其四，便于指导。口语交际不仅有生生交流，也有师生互动，这就给教师反馈了信息。教师可以根据这些信息，针对写作的重点、难点和疑点进行指导，也可根据个别学生的问题进行点拨。

（2）写作教学对口语交际教学的促进

写作比说话更严密，为说话提供了依据，对口语交际起着提高和完善的作用。其一，写作可为口语交际做准备，让学生写些自己喜欢的东西，可使学生轻松愉快地积累口语交际的材料，写的越多，口语交际的素材就越丰富，也就不愁无话可说了。其二，写作可以降低口语交际的难度。有的学生口头表达能力较差，“口讷讷不能言”，对此，教师可让学生通过对有关内容的写作，整理思绪，对口语交际做到心中有数，在此基础上引导学生说出来，让学生怎么写就怎么说，将书面表达转换为口头表达，学生就不会感到口语交际是个难题了。其三，写作需要思考，要求写出来的文章明白、完整、有条理，可以通过写作训练提高思维能力，提高口语交际的水平和效果，使说话有条理、连贯和完整。也就是说，写作对口语表述有理清思路、确立观点、明晰层次、突出中心的作用，可有效强化思维的周密细致性。其四，写作的语言一般经过斟酌，注重准确生动，这可以影响到口语表述，使之更规范、简练。

（3）口语交际教学与写作教学应密切结合，相互促进

说话与写作在表达目的、内容、构思、词语等方面都是相同的，说是写的基础，写可以看作把说的话用文字表述出来，写和说不能割裂开。口语交际教学与写作教学的结合，可以先说后写，以说促写。如在写作教学中的各个环节都可渗透口语交际训练。在写作前，教师讲授一些写作知识并对学生进行具体指导，这些指导就是听力训练。写作课上教师组织学生通过讨论确立作文要表现的主题，引导学生谈谈自己所选择的题材及自己对文章的构

思，这是锻炼学生的口语能力。经常进行口头作文，如复述情节、口述见闻、看图说话、谈论感想、概述要点、口头扩述等，让学生有中心、有条理地进行口头表达，可使学生的思路清晰、语言丰富，为写好作文打下基础。此外，也可以是写了再说，以写代说。如教师和学生共同进行习作讲评，教师可选择一些优秀习作和有毛病的文章念给学生听，让他们比较优劣，发现别人文章的优缺点，再由学生发表意见，进行评议修改，这就是进行口语交际训练；可以召开辩论会、演讲会，让学生先写好发言稿再发言。由于要公开讲演，学生写得很认真，语言准确生动，条理清楚，结构紧凑，这就保证了“说”的质量，提高了“说”的水平。同时，如果依据写的内容还说得不明白，让别人听得不顺耳，那就说明“写”有问题，需要进行修改。

二、口语交际训练的途径与方式

口语交际教学的主要任务是让学生学习必要的口语交际知识，指导学生进行实践，规范学生的口头语言，使学生掌握一定的技能，养成良好的口语习惯及待人处事的交往能力。要想完成这一任务，教师必须让学生进行实践与训练。口语交际训练是语文教学的一部分，其教学可以按照教材编排的内容，在教师指导下有目的、有计划地进行。有些教师认为口语交际在日常生活中无处不有，自然而然就能掌握，无需进行专门的指导，这一观点显然是片面的，不利于学生口语交际能力的提高。但局限于教材，只依据有限的内容对学生进行训练，就过于单一，显然远远不够。口语交际训练是多样化的，可以进行分项的、单独的倾听或表达，也可以进行综合的、互动的口语交际训练。

（一）专门的口语交际训练

不同版本的语文教材安排口语交际的内容和次数不尽相同，但都是专门的口语交际训练课的主要参考。在进行教学时，教师首先要全面熟悉教材编排的“口语交际”系列，利用其中的基本理论和练习设计，对学生进行专门的理论指导和系统性的操作训练。其次，根据所教学生的实际情况确定练习的侧重点，增加练习的次数，指导各种训练，以使学生的口语交际能力得到提高。

人民教育出版社编辑出版的初中语文课本安排的口语交际内容有：说话

要落落大方，口齿清楚；说话要清楚简洁；说话要有中心、有条理；说话要连贯、严密；说话要讲究方式；说话要看对象；说话要注意语调和语态；说话要注意语言美；开辩论会，开演讲会。高中语文课本安排的口语交际内容有：引导学生和把握口语交际的基本要求，大胆开口，文明得体；培养单向的口语交际能力；倾听、应答，培养双向互动的口语交际能力；劝说、讨论、演讲、辩论。这些内容包括了一个中学生应具备的口语交际能力。教师必须认真备课，讲清要领，做出示范，指导练习，讲好专门的口语交际训练课。

专门的口语交际训练要做到：与学生生活实际紧密联系，具有广泛的适用性；遵循由易到难、由简单到复杂的原则。通过教材中的专题训练，学生能够比较系统、快捷地掌握口语交际的有关知识，提高相关技能。

（二）结合阅读教学的口语交际训练

1.复述

这是把书面语言转化为口头语言，既忠实于原材料，又不完全照搬，以训练学生用自己的话来述说课文内容。教师首先要求学生熟记课文内容，理解各部分的内在联系，讲明各种复述方式的不同特点和要求，按照“详细复述—概要复述—创造性复述”的序列依次布置练习。这种方式主要用于训练学生能够较长时间连贯地、有条理地、完整地说话，由依赖模仿读物到能动创造说话。复述可以使“读”过渡到“说”，也可以发展学生的记忆力、联想力、抽象思维和求异思维。

2.答问

这是在“读”中练“说”，以“答和问”带动“说话”，训练学生克服不愿说或不敢说的心理障碍的常用方式。教师应在课前设计好问题，安排发问的时机，然后在课中引导学生深入钻研课文，于疑处解疑，无疑处生疑，按照“师问生答—生问生答”或者“一问一答——问多答—连问连答”的序列激励学生开口说话。这种方式主要训练学生用口头语解答问题或者提出问题，说话有分析、推断有依据。教师要对学生在答问中的表述内容、表达技能，说话时的仪态习惯等给予评价，以保护和调动学生说话的积极性。

3.课堂讨论

这是在理解课文的过程中提出某个看法不一致的议题，引起讨论，要求学生在短时间内发表个人意见的训练方式。教师首先要全面估计，选准有价值的议题，既可以针对课文内容，也可以对课文作引申；既能“牵一发而动全身”，又能引发学生争议的兴趣，让学生有话可说，有话好说，然后在适当的时机引出讨论，按照“同桌讨论—小组讨论—全班讨论”的顺序，由小范围到大范围进行练习，让每一位学生畅所欲言。这种方式的训练面广，信息流通多且快，着重于训练学生扣紧议题的积极思维，鼓励学生大胆发表个人见解，倾听别人意见并且辨明是非，同时要求学生注意发言的礼貌和仪态。教师要重视对讨论过程的指导和对讨论时间的把握，及时评点，通过讨论达到训练说话和思维的目的。

（三）结合写作教学的口语交际训练

1.口头作文

这是在命题或提供材料以后，学生按照具体要求经过短时间的构思，用口头语言连贯、完整地表述作文的练习方式。教师首先要教给学生构思口头作文的基本方法，从文章的中心、选材、结构等方面定下几个“点”，连“点”成“线”，再扩“线”成“面”。

然后从不同的角度交错选用几种方式进行训练，例如，思维上可以从形象到抽象：看图说话—按所供文字材料口述成文—按题目和要求口头作文。做法上可以由易到难：拟提纲口述构思、凭提纲口述全文、打腹稿出口成章。形式上可以从部分到整体：口述所选材料、口述开头结尾、口述全文。文体上可以按照记叙、说明、抒情、议论的顺序逐渐过渡。这种方式着重训练学生敏捷的审题构思、快速遣词造句并组织成文的能力，对加快书面作文的速度很有帮助，难度较大，功效较强。教师有时也采用“先说后写”的做法，把“说”的训练与“写”的训练结合起来，效果更好。

2.例文评析

这种方式是把作文教学过程中用于“指导”环节的范文或者用于“讲评”环节的习作让学生进行宣读，并结合此次作文的要求让学生评析，发表意见，使学生获得更多的说话机会，把自己的理解或意见表达出来。此举在作文之前，可以使学生加深对此次作文要求的认识；在作文之后，可以发现和小结此次作文的得与失。教师主要做好材料准备和引导点拨的工作，不要喧宾夺主。

3.讲故事，写故事

这种训练方式首先要有故事。故事的来源可以是读过的文学作品、看过的影视戏剧、听别人讲的印象深刻且完整的故事，内容的要求是思想健康、倾向积极、趣味性较浓、艺术性较高。讲故事的学生应事先熟记全部情节和主要人物关系，正确理解主题，设计好语调和语速，有些内容可以作适当的加工创造。这种方式着重于训练学生语言表达的连贯性、生动性和感染力，当然，学生在讲述时也离不开运用体态语等进行配合渲染，增强效果。写故事是在听故事基础上的写作。学生可以把听到的故事用自己的语言记录下来；可以根据故事的材料重新构思，安排情节可以根据现有的故事推测、想象、发展故事；可以依照所讲故事的结构或情节，写一则自己熟悉的新的故事。语文教学技能的培养对语文素养的培养具有积极作用，通过提升教师的教学技能，更有效地帮助学生掌握语文知识，提升他们的阅读、写作和表达能力，同时促进他们的思维发展的创新能力，以更好地促进学生的语文素养提升。

第六章　语文核心素养的构建

第一节　语言建构与运用：语文核心素养教育的内核

一、品味语言，在阅读与鉴赏中感受语文的魅力

语文教育名家李海林曾言："学生读一篇文学作品时可能遇到两种情况，一种是读不懂，一种是读得懂但不喜欢。"从根本上来说，文学作品教学就是做两件事：一是解决学生读不懂的问题，可称之为"解读"；二是解决学生不喜欢的问题，可称之为鉴赏。[①]

无论是解读还是鉴赏，都离不开对文学语言的反复品味。作为阅读教学，在一节课里面，能让学生与教科书的语言发生多少次新鲜的接触，是决定教学成败的事，很有必要返回阅读教科书，反复地阅读。[②]

刘勰在《文心雕龙·知音》中提出："夫缀文者情动而辞发，观文者披文以入情，沿波讨源，虽幽必显。"文学作品是由一个个语言文字连缀而成的，只有拉开言语的帷幕，进入文本的情感世界，才能最终抵达文章的精神内核。语言文字是我们解读文本的重要抓手，只有立足于"语言"和语言得以符号化的"文字"，才能真正触摸到"语文本体"，切实把握"语文本体"。[③]

在戏剧文学中，故事情节的进展、人物性格的揭示及剧作家对人物事件的评价，一般都依靠人物语言即台词来完成。在戏剧教学中，教师只有带领

---

①李海林.教学设计与教学实施的区别与关联［J］.中学语文教学，2008（8）.

②龙宝新.走向核心知识教学：高效课堂教学的时代意蕴［J］.全球教育展望，2012（3）.

③曹明海.语文教学语用论［M］.南宁：广西教育出版社，2016.

学生一起玩味戏剧语言，尤其是潜台词，才能走进剧中人物的心灵世界，读懂剧本的深层意蕴。话剧《雷雨》中，周朴园认出鲁侍萍后，意识到一场大祸将要临头，为了化解迫在眉睫的危机，决定和鲁侍萍“明明白白地谈一谈”。周朴园在谈话中先后七处紧承相连，共用了九个“好”字，这九个“好”字各尽其妙，且叫“好”的个中原因各不相同。[①]对这九个“好”字逐一分析，并由此来窥探周朴园的内心世界，就会发现这一连串的叫“好”声，实际上是周朴园极端利己心态的生动反映。

古典诗歌讲究炼字，学习更需要学生品味语言，所谓“披文以入情”就是这个道理。“自古悲摇落，谁人奈此何。夜蛩偏傍枕，寒鸟数移柯。向老三年谪，当秋百感多。家贫惟好月，空愧子猷过。”（刘长卿《月下呈章秀才》）此诗颔联“夜蛩偏傍枕”中“偏”字值得咀嚼，“偏”是“偏偏”的意思。夜蛩（蟋蟀）你为什么偏偏在我枕边鸣叫，让我一夜无眠，感叹时光流逝呢？埋怨蟋蟀，似无理却有情，且情感战胜理智，达到“痴”的高度，古人称之为“无理而妙”。

有些古典诗词文字浅显易懂，学生觉得没什么可学，教师觉得没什么可讲，似乎读读就行了。其实不然，浅诗往往浅中藏深、平中见奇、淡中有味，如果教师不注重浅诗深教，引领学生品味诗歌的语言，深入诗歌的内涵，走进诗歌的意境，就很难体会其情蕴与美感。

浅诗往往言近旨远，言有尽而意无穷。针对这类诗，教师要提示学生，紧扣诗歌中富有暗示性的字词，品出其言外之意、弦外之音。如：

独坐敬亭山

李　白

众鸟高飞尽，孤云独去闲。
相看两不厌，只有敬亭山。

后两句，学生都能看出，表达了诗人与敬亭山之间的深厚感情，但对“只有”二字，缺少玩味。“只有”强调唯一性，诗人“不写而写”，越是

①张洪安.由九个“好”字管窥周朴园［J］.新课程报·语文导刊，2009（3）.

强调山之有情，越是反衬人之无情，含不尽之意于言外。

古典诗词很重视意象，常借助它来营造意境，诗人的情感多寄托在意象之中。因此，对意象的品读就显得尤为重要。如：

乌衣巷

刘禹锡

朱雀桥边野草花，乌衣巷口夕阳斜。
旧时王谢堂前燕，飞入寻常百姓家。

后两句景物寻常，语言浅显，学生容易蜻蜓点水，浅尝辄止，不去思考飞燕的象征意义。诗人以景结情，赋予飞燕以历史见证人的身份，通过今昔飞燕栖息之处的对比，寄寓物是人非、沧海桑田的无限感慨，可谓含蓄蕴藉，余韵悠然。

对小说克制性的语言，学生同样需要揣摩，字斟句酌。短篇小说《侯银匠》中的主角侯银匠，给人留下深刻的印象。然而，侯银匠之所以是侯银匠，而不是李银匠或张银匠，定有其与众不同的地方。“侯银匠中年丧妻，只有一个女儿，他这个女儿很能干”这句是交待之笔，看似平平淡淡，却意味深长。有学生蜻蜓点水，轻意地滑过此句。有学生从此句中读出侯银匠内隐的情感：侯银匠中年丧妻，怕女儿受委屈，有经济条件但未曾续弦；侯银匠怕侯菊委屈下嫁，未按当地风俗把女儿留在家里招婿，宁可断了香火，自己忍受寂寞。这就品味出父爱深层的一面，也看出这句“融奇崛于平淡”，对该篇小说情节而言是最有力的支撑。

散文也叫美文，刘亮程的散文《寒风吹彻》语言质朴隽永，夸张一点说，句句值得咀嚼。“天快黑时，我装着半车柴禾回到家里，父亲一见就问我：怎么拉了这点柴，不够两天烧的。我没吭声，也没向家里说腿冻坏的事”，“一……就……”这一关联词，表明父亲只关心柴火，关心一家人的生计，不关心“我”的腿，父子之间出现情感的隔膜与裂痕。有血缘关系的父子，一定程度上都表现出人性的冷淡，说明“寒”不仅仅体现在天气上、物质上，更已深入人的心灵与精神，照应了文章题目中的“彻”字。

我国古代传统教学讲究“吟诵”，即有节奏地诵读诗文。汉语的诗词文赋，大部分是使用吟诵的方式创作的，也只有通过吟诵的方式，才能深刻体会其精神内涵和审美韵味。《从百草园到三味书屋》中这样写到："先生自己念书，我们的声音便低下去了，静下去了，只有他还在大声朗读着……我疑心这是极好的文章，因为读到这里，他总是微笑着，而且将头仰起，摇着，向后面拗过去。"鲁迅描绘的就是寿镜吾先生吟诵古文的场景，吟诵是古人学习传统文化时高效的教育和学习方法，有着两千年以上的历史，口耳相传，在历史上发挥过极其重要的社会作用，有着极高的文化价值。

有声语言的表达是以声达意、以声传情。在诵读过程中，教师要指导学生朗读，让学生熟练掌握语调、语速、重音、停顿等技巧传情达意的功能。

国外的心理学家曾做过一个实验，让八位实验对象通过朗诵英语字母来表达高兴、悲伤、愤怒、妒忌、紧张、难受、害怕、骄傲、满足、同情等十种感情，然后由三十名评判者进行分析。实验结果表明：没有实在意义的字母，通过不同声音的表现也可以表达不同的情感。教师要引导学生，辨析语调的高低、语速的快慢、语音的轻重、音量的大小、语气的徐疾等对传情达意的差异，通过感受诗文语言的节奏来把握作品的精神，这与桐城派倡导的"因声求气"一脉相承。

"品味"，更要重视玩味，要用心去揣摩。叶圣陶先生说："一篇文章，学生也能粗略地看懂，可是深奥些的地方，隐藏在字面背后的意义，他们就未必能够领会。"[①]教师要引导学生玩味那些"深奥些的地方，隐藏在字面背后的意义"，简言之，一是读不懂的语句，二是读意蕴丰厚的语句。当然，读不懂的语句，也有可能是意蕴丰厚的语句。杨绛的散文《老王》结尾这样写到："几年过去了，我渐渐明白：那是一个幸运的人对一个不幸者的愧怍。""愧怍"什么意思？为什么会"愧怍"？"一个幸运的人"指谁？为什么说是"一个幸运的人对一个不幸者的愧怍"？这些疑问都需要学生用心揣摩。"愧怍"是惭愧、对不住的意思，深一层次是指精神上的失衡与不对称性。玩味语言一定要结合语境，要结合上下文甚至全文，即古人所说的"字不离句，句不离篇"。杨绛在散文《老王》中塑造老王形象时，将他置于三种不同的情境：一是日常情境，"北京解放后"，"我"是主顾，老王

①叶圣陶.叶圣陶答教师的100封信［M］.北京：开明出版社，1989：87.

拉车，作者侧重表现老王“不幸”“最老实”；二是落难情境，“文革”开始，知识分子落难，被打成臭老九，老王拉车坚决不肯拿“我”钱，作者侧重表现老王善良，有同情心；三是垂死情境，“干校回来”，载客三轮被取缔，老王身患重病，形同僵尸，临死前一天将香油与鸡蛋赠送给“我”，作者侧重表现老王重情重义，懂得感恩。在这三种情境中，老王的形象越来越高大，对杨绛夫妇的感情越来越深厚，而反观杨绛夫妇，始终和老王保持高级知识分子与底层百姓之间的界线，这就为文末点睛之句“那是一个幸运的人对一个不幸者的愧怍”埋下伏笔。而“愧怍”一词折射出高级知识分子所具有的社会良知和严于解剖自我的反省意识。

二、畅所欲言，在表达与交流中习得语言的运用

表达与交流分为口头与书面两种。教师要充分利用课堂阵地，创设情境，让学生有话可说、有事可叙、有情可抒、有议可发，做到“畅所欲言”。所谓“畅所欲言”，“欲言”首先要强调有内容、有真情实感，其次要有表达交流的欲望；“畅”强调表达的自由，不受束缚，言为心声，“我手写我心”，也强调表达与交流的质量，语言能准确流畅地表达意义，不存在言不及义的现象，更不存在“语言的痛苦”。

那么，如何培养学生的口语交际能力呢？我们认为可采用以下途径。

①讲故事。利用每堂语文课前的两三分钟时间，让学生有准备地轮流讲故事，故事题材尽量不一样，一轮下来还可以从头再来；也可以定期举办故事会，围绕一个主题讲故事，例如讲述科学家的故事等。讲故事既有趣味性，又有教育意义，学生很喜欢这种绘声绘色的口语训练方式。

②举行演讲比赛。好的演讲不仅要有好的口才，还要有敏锐的思想、出色的主张和广博的知识，演讲是各种才能综合表现的艺术。因此，演讲比赛在锻炼学生口才的同时，也必然帮助学生磨炼思想，扩充知识，开阔视野，这有助于学生的全面发展与能力提升。

③访谈。访谈是交谈的一种形式，是为了获得某些信息而采取的专门性的谈话。可以让学生以小记者的身份采访学校里的优秀教师，或社区名人、普通工作者、留守儿童及老人等，在具体情境中培养学生的口语交际能力。

④辩论。辩论是对某一论题持完全不同或相反意见的双方展开论辩，以

驳倒对方的错误观点来树立自己的正确观点。辩论较讨论尖锐激烈、立场鲜明，对辩论双方素养要求比较高，中学生喜欢争辩是非，举办一场准备充分的辩论赛，有助于锻炼他们的口语应变能力。

⑤评论。教师可以让学生对当前的某些社会现象发表评论，或就电影、电视、文艺、体育等方面的问题发表意见，还可以就学校、家庭和学生间的问题展开讨论。让学生进行有准备、有思考的评论，可以提高学生的思辨能力与口头表达的能力。

为了营造宽松的交际氛围，使学生敢说能说，北京市中学语文特级教师宁鸿彬向他的学生提出了“五允许”[①]。

①允许说错。教师允许学生回答问题错误，发表错误意见。说错了，教师和同学可以帮助其改正，但不允许讥笑。

②允许补充。学生对自己谈论的问题，如果有遗漏或有了进一步的认识，可以举手要求作补充发言。

③允许修正。学生对自己说过的话，如发现有错误，可以当众修正。

④允许质疑。允许学生在课内或课外就教师讲课中的问题质疑问难；可以就其他同学的发言，质疑、论辩；可以就别人对自己的批评，进行申辩或答辩。

⑤允许保留。如有的学生对一些问题的认识和大家不一致，允许他们保留自己的意见，并给他们当众阐述自己意见的机会。

总之，应该创设自由愉悦的说话环境，使学生乐于说话，有更多的机会说话。学生只有多练习说话，才可能会说、说好。

作文教学在我国向来是个“老大难”的问题，一提到作文，学生怕写，教师怕教。张志公先生在谈到写作教学为什么这么难时曾说：“我想这也许跟对待作文这件事有些不对头的看法有关系。”“不对头的看法”，可能指的是教师的写作观念存在问题。

写作是一种需要极强的动机、情感、意志参与的复杂的技能性活动。而教师要求学生作文多采用命题的形式，讲究“审题立意”“按要求作文”“代圣人立言”“思想积极健康向上”，不考虑学生作为写作主体的交

①张鸿苓.中国当代听说理论与听说教学［M］.成都：四川教育出版社，1998：210.

际需要。这种写作的整个过程都是在教师直接或间接的控制下完成的，学生没有自由发挥的空间，变成了一种必须应付的差事……写出来的作品，往往内容空洞无物，结构生搬硬套，表达平淡无力，有时甚至写作主题、内容、材料、手法都惊人地相似，千人一面，万口一词，千篇一律，缺乏个性和创造……写作远离了现实生活需要和语言真实表达的基本功能，成为一种无意义的荒谬行为，学生的写作能力自然无法从根本上获得提高。①

言为心声，写作应是“我手写我心”，真实地表达自己的内心情感；写作也是人与人的心灵对话，作者通过写作抒发自己的人生情怀，引起读者的关注和理解。写作应倡导自由地表达与交流，让学生在畅所欲言中习得语言运用的规律，掌握交际的基本技能。

“畅所欲言”，首先得在“欲言”上动脑筋，要让学生有话可说、有情可抒、有议可发。在写作内容上不要过多地束缚学生，让学生有写作的自由畅快感。

江苏省盱眙中学特级教师赵道夫多年来一直倡导随笔教学，开展随笔生态写作的实践研究，成果颇丰，成效显著。所谓“随笔”，就是倡导学生自由练笔，从生活和读书中寻找话题，把自己的所思、所感用手中的笔自由地倾诉在纸上。学生可以记叙发生在校内的有意义的事，可以抒发日常生活中的点滴感受，可以指点江山、激扬文字，也可以尝试诗歌、小说等文学创作。“随笔”强调真诚与自由，鼓励创造与突破，反对压抑与束缚。以赵道夫为首的盱眙中学语文组研制构建了一套“随笔”推进体系，以一书、一本、一刊、一案为支撑，着眼于人的生活情感发展、思维能力训练和语言能力提高这一写作素质核心，实施“读写互动”，培养了学生的写作兴趣，激发了学生的写作潜能，提高了学生的表达与交流能力。②

三、归纳反思，在梳理与探究中积淀语言的素养

中学语文学习阶段，要“培养学生丰富语言积累、梳理语言现象的习惯，在观察、探索语言文字现象，发现语言文字运用问题的过程中，自主积

①王荣生.写作教学教什么［M］.上海：华东师范大学出版社，2014：43-44.

②赵道夫，宋明镜.随笔生态写作的实践研究［M］.长春：东北师范大学出版社，2015：24-28.

累语文知识，探究语言文字运用规律，增强语言文字运用的敏感性，提高探究、发现的能力，感受祖国语言文字的独特魅力，增强热爱祖国语言文字的感情”①。

古典诗词往往通过选择典型意象构成意境，寄托一定的情感，所以景物描写自然必不可少。景物描写有什么作用？在诗词结构中的位置不同，其作用是否相同？这需要学生在积累的基础上加以梳理，将碎片化的知识结构化、系统化。教师在引导学生梳理时，可以以杜甫的《旅夜书怀》为例。

阅读下面这首诗，回答下列问题：

旅夜书怀

杜　甫

细草微风岸，危樯独夜舟。
星垂平野阔，月涌大江流。
名岂文章著，官应老病休。
飘飘何所似？天地一沙鸥。

①开头两联景物描写各有什么作用？请结合诗句逐一分析。

②尾联“飘飘何所似？天地一沙鸥”，请从情景角度分析其独特的表达效果。

有些学生形成了定式思维，看到写景句，只知道答“借景抒情”。教师可通过提问、分类、比较、讨论、归纳等一系列梳理活动，让学生发现景物描写放在诗歌的开头、中间和结尾，除了其本质作用借景抒情，还会产生附加值，其效果是不一样的。首联，寓情于景，自己像江岸细草一样渺小，像江中孤舟一般寂寞；开头写景，照应题目，又有交代自然环境、渲染凄凉氛围的作用。颔联，景象雄浑阔大，以乐景写哀情，反衬诗人孤苦伶仃的形象和颠沛流离的凄凉心情。开头两联写景，为后面的“书怀”作铺垫。尾联诗人借景抒情，以沙鸥自喻，抒发了漂泊无依的凄苦之情；以写景句结尾，含

①教育部.普通高中语文课程标准（2017年版2020年修订）［M］.北京：人民教育出版社，2020.

不尽之意于言外，耐人寻味，给读者留下品味想象的空间。

为什么能借景抒情？在学生对“借景抒情”有一定感性认识的基础上，教师可以引导学生深入探究其原因，由“知其然”到“知其所以然”。景和人之间要有联结点，只有外在的景和内在的情具有一定的共性，并让诗人产生情感共鸣时，才能“以我观物，故物皆著我之色彩”。如“细草”中的“细”，“危樯独夜舟”中的“独”，这些字眼往往带有感情色彩，使人触景生情。作者有时不仅是借景抒情，还运用隐喻手法，物我化一，以景物来自况，自己孤独得就像广阔平原上的一根细草、茫茫江面上的一叶扁舟。

梳理的目的，是增强学生对语言规律的认识，举一反三，实现知识的有效迁移。“对方落笔”是古典诗歌经常采用的一种手法，诗人通过想象，落笔对方，借侧面描写来烘托自己的思念之情，既倍增感情，又丰富诗的意境。

第二节　审美鉴赏与创造：语文核心素养的旨趣

一、充分挖掘教材，提高学生的审美发现力

进行语文学科的审美教育时，首先要引导学生充分认识语文学科蕴含的丰富多彩的美质。“这种语文美质，既有语文内容的，也有语文形式的。从内容来看，语文美质是多角度、多层次的，既有语文教学思想之美，也有语文教学内容之美，光语文教材中所蕴含的就有自然美、社会美、科学美、艺术美、人物美、心灵美、意旨美、情感美、事料美、意境美。从形式来看，也同样如此，既有语言表达之美，也有语文教法之美，光语文教科书中所反映的就有结构美、语言美、节奏美、音韵美等。”①

中国古典美学，一般把美分为阴柔与阳刚两大类。大多称婉约柔和之美为阴柔之美，豪放雄浑之美为阳刚之美。西方美学，将阳刚之美称为崇高之美。基于此，王国维提出：“美之为物有两种，一曰优美，一曰壮美。”王

①周庆元.语文教育研究概论［M］.长沙：湖南人民出版社，2004：23.

维的诗句“大漠孤烟直，长河落日圆”为“壮美”；他另一诗句“明月松间照，清泉石上流”堪称“优美”。宋词风格分豪放与婉约两种，东坡在玉堂日，有幕士善歌，因问：“我词何如柳七（柳永）？”对曰：“柳郎中词，只合十七八女郎，执红牙板，歌‘杨柳岸，晓风残月’；学士词，须关西大汉，铜琵琶，铁绰板，唱‘大江东去’。”东坡为之绝倒（宋·俞文豹《吹剑续录》）。豪放词多为壮美，婉约词多为优美。

中国古典诗人及儒、释、道思想影响多年，程度不一，这多多少少影响其作品的审美风格。李白受道家影响较大，其风格多表现为飘逸，如“人生在世不称意，明朝散发弄扁舟”；杜甫受儒家影响较大，其风格多表现为沉郁，如“戎马关山北，凭轩涕泗流”；王维受佛家影响较大，其风格多表现为空灵，如“行到水穷处，坐看云起时”。

优秀的文学作品之所以优秀，就在于其具有独特的审美价值。“文学作品的生命，就在于其唯一性、独一无二性。”[①]经典的文学作品，拒绝雷同，都有其独特之处，如黑格尔所言“这一个”。辨析文学作品的独特性可以更好地发现文学作品别样的审美价值。

历朝历代写宫怨的作品很多，杜牧写宫怨，视角独特。如《阿房宫赋》“雷霆乍惊，宫车过也；辘辘远听，杳不知其所之也。一肌一容，尽态极妍，缦立远视，而望幸焉。有不见者，三十六年”。第二节，从宫女角度看，就是在抒写宫怨。杜牧是从听觉角度写宫女内心的情感变化：“雷霆乍惊”，宫女满是惊喜，充满希望；然而“辘辘远听”，车轮声越听越远，内心希望一点点变为失望，乃至失望到极点，“杳不知其所之也”；“有不见者，三十六年”，又由失望变成绝望。宫女的心理随着车轮声的渐行渐远而动态变化，她们一生在希望、失望与绝望中轮回，在长期的精神折磨中一天天老去。

二、重视诵读训练，培养学生的审美感受力

语文课的美主要凭借语言文字的建构与运用来表现，语文课的审美也应通过语言文字的品味与理解来实现。品味与理解语言文字，离不开以“读”为主的涵咏、体悟。诸多精妙优美的诗文“只可意会，不可言传”，对于这

①孙绍振.文学文本解读学［M］.北京：北京大学出版社，2015：52.

样的诗文，与其生硬地肢解剖析，破坏美感，不如反复地朗读背诵，读出美感。培养学生的语文审美要加强诵读，让学生多读美文，熟读成诵，读出诗情画意，提升审美品位！

人民教育家于漪强调，教学中教师要善于把课文中无声的文字通过师生的共同努力，变成有声的语言。语言或铿铿锵锵，如金属撞击声，或潺潺淙淙，如小河淌水，伴随着悦耳的音响，课文中的思想、情感就会叩击学生的心灵，学生眼到、口到、耳到、心到，学得愉快，学得有效。同时，她指出，文章不是无情物，“有感情地”朗读，才能充分表达文章的情意，也才能真切地受语言文字的熏陶感染。[①]李渔在《李笠翁曲话》中就剧本、角色和演员曾说过这样一段话：“言者，心之声也，欲代此一人立言，先宜代此人立心。若非梦往神游，何谓设身处地？……务使心曲隐微，随口唾出。”这一观点用于朗读也很合适。朗读的人须深入作品，“梦往神游”“设身处地”，使得写作人的“心曲隐微”由朗读人的“随口唾出”。基于这样理解的朗读，当然会“有感情”了。一篇课文要读得正确、流利、有感情，须反复训练。动脑、动口，把无声的文字变成有感染力的有声语言，对听的人来说，是一种高尚的精神享受，对读的人来说，是攀登语言艺术高峰的必经之路。[②]

张若虚的《春江花月夜》，诗人融诗情、画意、哲理于一体，凭借对春江花月夜的想象与描绘，使整首诗笼罩在一片空灵而迷茫的月色里。诗人赞叹大自然的朦胧之美，探寻人与宇宙的起源之美，讴歌人间纯洁的相思之美，从而达到自然美、哲理美、人情美水乳交融的境地。另外，整首诗还体现了音韵和谐之美。面对这样浑然一体的诗篇，过多的肢解分析显然会破坏美感，采取古人“吟诵”的方法才是明智之举。通过反复的吟诵，读者不知不觉进入诗歌的形象世界、情感世界与意义世界，悠然心会，在获得精神愉悦的同时体味诗歌的审美价值。

朗诵既是语文学习的重要目标，也是语文学习的重要手段。不管是听名家范读，还是教师范读，抑或是学生朗读，教师都应努力指导学生追求声音与情感的统一，品读与鉴赏的和谐，从而把根据文字语言翻译过来的有声语

①于漪.语文教学谈艺录［M］.上海：上海教育出版社，2012：161.

②于漪.语文教学谈艺录［M］.上海：上海教育出版社，2012：161.

言统一到自我理解与感悟上。这是一种较好的学习方法，也是文本解读的一种有效途径。同时，本书也希望以后的语文课中能多出现些“放歌”式的生成，这样不仅有利于激发学生的学习兴趣，更有利于为教师提供精研文本的契机。

第三节　文化传承与理解：语文核心素养的基底

一、依托经典文本，多角度地进行文化理解

语文是文化的载体，也是文化的构成，语文教育本质上就是一种文化传递的过程，一种文化的生成和创造过程。从文化的视角透视语文教育的本质与特性，我们会看到语文教育是一个由文化构成的丰富多彩的世界。[①]优秀的文本总是渗透一定的中华优秀传统文化思想，让学生传承与理解中华优秀传统文化，不能通过强硬灌输的方式，而应通过对文本的解读与鉴赏，充分挖掘文本中的文化元素，让学生接受在潜移默化中，并自觉地担负起传承与理解中华优秀传统文化的使命。

汪曾祺的短篇小说《侯银匠》体现了浓厚的中国婚嫁与亲情文化。侯银匠将自己唯一的女儿嫁给了陆家，自己成了空巢老人，只能喝着慢酒，品味着寂寥的人生。“侯银匠中年丧妻，只有一个女儿，他这个女儿很能干。”学生可从此句中读出侯银匠身上的闪光之处。“可怜天下父母心”，在侯银匠身上体现了父爱的伟大与无私，人性的善良与隐忍，反映了深层的民族文化心理。

美国作家卡波特的短篇小说《一个圣诞节的回忆》，哀而不伤，有着浓浓的温情，深刻反映着西方平等的人文精神。文中的“平等”至少表现为三个层面。一是突破了阶层的差异。“蛋糕给谁呢？朋友呗。不一定是邻近的，大半倒是只见过一次，甚至素未谋面的，我们喜欢的朋友。例如罗斯福总统，一年来镇上两次的小个子磨刀人，帕克（班车司机，他每天在尘土飞

①曹明海.本体与阐释：语文教育的文化建构观［M］.济南：山东教育出版社，2011：3.

扬中嗖的一声驶过时和我们互相挥手招呼）”，文中的“我”和“她”平等待人，将辛苦做成的蛋糕分给大家，既有高贵的总统，也有磨刀人、班车司机这样的平民，而且平等地珍藏他们的物件，“我们的纪念册里有用白宫信笺写的答谢信，有磨刀人寄来的一分钱明信片”。二是突破了年龄的差异。“你的手比以前大了。我想我大概不愿你长大。你长大了，我们还能继续当朋友吗？”“那时我七岁，她六十光景”，年龄不是障碍，“我”和“她”成了忘年交。三是突破了种类的差异，文中的小狗奎尼显然成了家庭中的重要成员，“奎尼求我们给她点尝尝，我的朋友时不时偷偷给她一点，但我俩是绝对不可以吃的”，对狗甚至比对自己要好，这种身份的错位感增添了文章的张力。“我们又凑了五分钱给奎尼买了一大根还有余肉可啃的牛骨头，用彩纸包起来，高高地挂在圣诞树顶上一颗银星边”，这种圣诞礼物庄重的仪式感，说明“我们”内心是把狗当人看的，生命是平等的。

《一个圣诞节的回忆》还体现了博爱精神。“我”和朋友辛苦做成的蛋糕自己舍不得尝，全送给了别人，而且无怨无悔，“厨房空了，蛋糕都送走了，我的朋友要庆祝一下”“赠人玫瑰，手有余香”，助人为乐，在帮助别人的同时，感受自己存在的价值与幸福，东西方的价值观有时存在共性与契合。

教师还可以利用同样的文本，进行东西方跨文化的差异比较。《一个圣诞节的回忆》中，老太太把小狗奎尼当作家庭成员平等看待，尤其表现在对它的安葬上。“昨天，梅西的马踢伤了奎尼，伤得很重。谢天谢地，她没有太痛苦。我把她包在一张条纹床单里，用童车推到草地……”尽管家境贫困，仍用一张条纹床单包好奎尼，用童车推到草地安葬，体现了对逝去生命的虔诚与尊重。《论语·乡党》曰：“厩焚。子退朝，曰：‘伤人乎？’不问马。”[①]孔子对马的死亡态度，恰好与之形成鲜明对比，大致意思是：孔子退朝，得知马厩被烧了，只问了一句“是否伤人”。记录者加了一句“不问马”，言外之意是一般人总还要问问马的，马毕竟是条命，也是重大财产。“伤人乎？”，充分体现了对人的生命的珍视，对财物的贱视，而且这里的“人”不分贵贱，与孔子的教育平等思想“有教无类”一脉相承。“不问

①杨伯峻.论语详注［M］.北京：中华书局，2006：120.

马”，又表明孔子“贵人贱畜”，潜意识里至少没有“众生平等”的概念，体现了东西方文化的差异。当然，今人不能站在道德的制高点，对生活在春秋末期的圣人孔子求全责备，必须坚持历史唯物主义的观点，应指出孔子的历史局限性，更应肯定他的历史进步性。在东西方跨文化的差异比较中，理解和借鉴不同民族和地区的文化，拓宽文化视野，热爱中华文化，防止文化上的民族虚无主义。

语文学习的实践说明，从文化的角度来解读语文，使语文学习从“语言”层次进入“文化”层次，是让学生在语文学习过程中涵养文化精神、建构情感和心灵世界的重要法则。①而每一个作为文化构成物的经典文本，都应是开放的“召唤结构”，有着不少的不定性与空白点，只有通过读者的解读才能生成文本意义，这能激发读者的解读创造，为读者多角度地进行文化理解提供可能。

二、借助语文活动，引领学生传承文化精髓

传承文化精髓，不仅要借助文本理解，还要借助丰富多彩的语文活动，要让学生在活动中学语文、用语文，接受文化的浸润与熏陶，以语文的方式参与文化建设。

开展语文活动，传承文化精髓，可以与文本有机地衔接。学生学习戏剧，教师可以让学生结合文本加以编排，如学习曹禺的话剧，可以让有兴趣的学生表演，使学生在表演中加深对戏剧的理解，感受戏剧文化的魅力。曹勇军先生为参加南京十三中的戏剧节活动，指导高一学生排演曹禺话剧《家》中“鸣凤之死”，学生演出结束后受益颇丰，“我知道了什么是舞台表演，知道了什么是所有人的配合，我知道了什么是集体，我感受到了那些未曾有的凝聚力；我知道了什么是语文，知道了什么是爱，知道了什么是成长。”②

开展语文活动，传承文化精髓，可以融合传统节日元素。我国的传统节日都有浓浓的文化意蕴，教师可以通过开展一系列的语文活动，将纪念传统

①曹明海.本体与阐释：语文教育的文化建构观［M］.济南：山东教育出版社，2011：35.

②曹勇军.语文，我和你的故事［M］.北京：商务印书馆，2015：119.

佳节与传承文化精神紧密结合起来。如端午节，教师可以举办屈原诗歌朗诵会，感受屈原伟大的爱国精神；重阳节，教师可以带领学生走访敬老院，慰问孤寡老人，弘扬“老吾老以及人之老”的敬老、孝老文化。

开展语文活动，传承文化精髓，可以与地方的文化资源联系起来。每个地方都蕴藏着丰富的文化资源，有着鲜明的乡土特色。名人故居、名胜古迹、博物馆、纪念馆、文化馆、美术馆等，都可以成为教师开展语文活动的场所，学生可以通过调查、访谈、参观等学习方式，了解家乡深厚的文化底蕴，并融入地方的文化发扬与建设。

开展语文活动，传承文化精髓，要构建各级各类语文学习共同体。学生的语文学习活动，有不少是综合性学习活动，要发扬集体的团结协作精神，这就需要教师构建语文学习共同体，如新闻记者团、辩论队、读书会、文学社等。社团语文活动的开展要有很好的规划，能围绕特定的文化现象或主题，能让每一个成员在活动中提高文化品位，提升语文素养。

开展语文活动，传承文化精髓，一定要突出“语文性”。无论我们选择什么样的文化现象或主题，都不要忘了基于语言文字、落实语言文字。语文课程是以口语和书面语来承载文化信息的，语言文字是文化传播和文化生活构建不可替代的载体……各类学习活动的开展都要注意强化语文意识，突出“语文性”，像读书交流、习作分享、演说辩论、诗歌朗诵、戏剧表演等都是语文特色活动。[①]当然“语文性”与“文化性”是无法割裂的，突出了“语文性”，也就意味着重视了“文化性”。

三、借助课程标准，构建语文课程文化体系

根据《普通高中语文课程标准（2017年版2020年修订）》，“文化传承与理解”是语文核心素养四要素之一，其中的“文化”主要涉及中华优秀传统文化、革命文化、社会主义先进文化，以及不同民族和地区的优秀文化。全新的高中语文课程内容“学习任务群”，其主题多元，包容性强，角度多维，背景宏阔，操作没有定规，这些也在一定程度上给一线教学实践带来了很大的疑惑性和不确定性，但也因此，极大地赋予了语文课程更多的可能性

①蔡可.拓展语文学习领域，丰富语文学习方式［J］.中学语文教学参考，2019（9）.

和丰富性。比如围绕“文化”这个关键词就设计了“当代文化参与”“中华传统文化经典研习”“中华传统文化专题研讨”“中国革命传统作品研习”“中国革命传统作品专题研讨”“跨文化专题研讨”“科学与文化论著研习”7个任务群。这些任务群分散于必修、选择性必修、选修三类课程之中，主题涵盖中华优秀传统文化、革命文化、社会主义先进文化等，让学生在回环反复的多主题学习过程中，在丰富、多元的文化氛围内感受并理解不同民族、地区以及不同种类、风格的文化魅力，进而在包容并蓄中开阔文化视野，形成文化自觉，坚定文化自信，增强为中华民族伟大复兴而奋斗的使命感和责任感。可以说，这样的设计不仅丰富了学习内容，还加强了学习的厚度，旨在促使语文教学在师生以及文本的多主体间形成一种富有深度的、意义多元的对话、领悟和融合。

不管是何种文化的学习，只要介入语文课堂视域，就应该处理好其与语言、思维、审美三种素养之间的关系。语文学科核心素养的四个方面是一个整体。语言是重要的交际工具，也是重要的思维工具；语言的发展与思维的发展相互依存，相辅相成。语言文字既是文化的载体，又是文化的重要组成部分；学习语言文字的过程也是文化获得的过程。语言文字作品是人类重要的审美对象，语文学习也是学生审美能力和审美品质发展的重要途径。语言建构与运用是语文学科核心素养的基础，在语文课程中，学生的思维发展与提升、审美鉴赏与创造、文化传承与理解，都是以语言的建构与运用为基础、在学生个体言语经验发展过程中得以实现的。也正如苏州中学著名特级教师黄厚江结合多年的教学实践，在《追求以“语言建构与运用”为基础的相融共生》一文中提出的观点那样，语文学科核心素养是以“语言建构与运用”为基础，四个方面“相融共生”的。①因此，语文课程中的“文化”学习一定是以“祖国语言文字运用”为前提和基础的，脱离了“语文课程”的“泛文化”学习是教师需要避免的。

①杨九诠.学生发展核心素养三十人谈［M］.上海：华东师范大学出版社，2017：154—160.

第七章　核心素养下语文教师的专业发展

第一节　核心素养教育对语文教师专业发展的新要求

一、语文教师核心素养指标

2016年，我国发布了“中国学生发展核心素养”总体框架，此后各学科在此基础上完成了基于学科特点的核心素养研究，而要发展学生的核心素养，教师的作用是不容忽视的。换言之，要发展学生核心素养，教师须具备能够培养学生核心素养的能力。因此，教师核心素养的构建，既是教师专业化发展的理论诉求，也是课程改革的现实需要。[①]其实，早在2012年，教育部就制定了《中学教师专业标准（试行）》，将中学教师专业标准划分为三个维度、十四个领，具体如图所示。

欧阳芬基于中国学生发展核心素养的总体框架，对《中学教师专业标准（试行）》与国内外教师职业能力研究成果以及语文学科特点进行分析，同时参考美国教师教育学院协会和21世纪技能合作组织（P21）联合发布的《21世纪教育工作者的知识与技能》以及欧盟、联合国教科文组织等国家和机构的观点，确定中学语文教师的素养包括语文学科知识、语文学科素养、语文教研能力、教学设计能力、教育教学知识、教学管理能力、交流合作能力、

①王美君，顾廖斋.论国际视野中的教师核心素养［J］.天津师范大学学报（社会科学版），2018（1）.

终身学习能力、个人修养与行为、情感趋向能力、教学评价能力、职业认同与理解、教学态度与行为、语文课程能力和教学创新能力。其整体框架如下。（图1）①

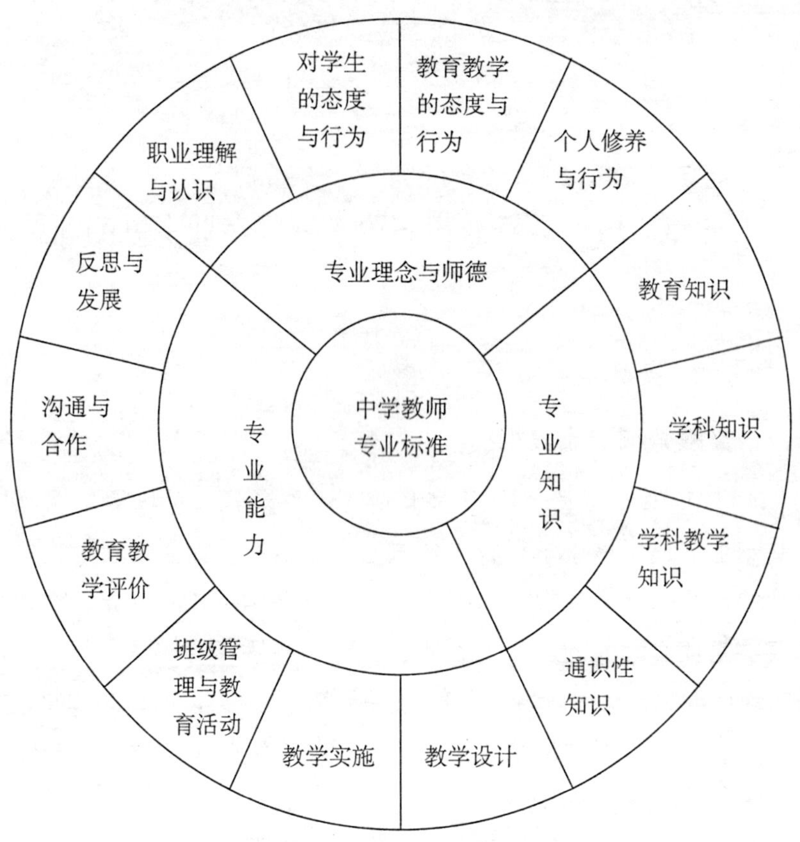

图1　中学教师专业标准体系

①欧阳芬.基于学生核心素养的中学语文教师素养构成和表现［J］.教育学术月刊，2019（2）.

表1　中学语文教师素养

<table>
<tr><th colspan="2">核心素养</th><th>语文教师素养</th><th>主要表现</th></tr>
<tr><td rowspan="4">文化基础</td><td rowspan="2">语文学科素养</td><td>语文学科知识</td><td>掌握语文知识、文学知识、通识知识、文本解读能力等与语文学科密切相关的知识和能力</td></tr>
<tr><td>语文学科素养</td><td>①掌握祖国语言文字的特点及其运用规律
②具有直觉思维、形象思维、逻辑思维、辩证思维和创造性思维
③有正确的审美意识、健康向上的审美情趣与鉴赏品味，掌握表现美、创造美的方法
④掌握丰富的中华优秀传统文化、革命文化和社会主义先进文化知识</td></tr>
<tr><td rowspan="2">科学精神</td><td>语文教研能力</td><td>①主动对教学过程中出现的问题和不足进行反思，改进教育教学工作
②主动研究学生语文核心素养，将理论与实践相结合，不断提高自身专业素质
③整体把握语文课程标准，根据教学提示改进教学过程
④研究学业质量水平，不断提升教学质量</td></tr>
<tr><td>教学设计能力</td><td>①按照教学过程和学生身心发展规律，科学设计教学目标和教学计划
②根据课程目标，合理利用教学资源和方法设计教学过程
③根据学生发展核心素养的需要，有选择地对教学内容进行筛选和计划
④注重因材施教，引导和帮助学生设计个性化的学习计划</td></tr>
<tr><td>自主发展</td><td>学会学习</td><td>教育教学知识</td><td>①掌握中学教育的基本原理和主要方法
②了解学生身心发展的一般规律和特点以及21世纪学生发展核心素养体系
③了解学生对语文学科的认知特点
④掌握多种教学方法，并能根据具体教学环境进行调节</td></tr>
</table>

续

<table>
<tr><th colspan="2">核心素养</th><th>语文教师素养</th><th>主要表现</th></tr>
<tr><td rowspan="6">自主发展</td><td rowspan="3">学会学习</td><td>教学管理能力</td><td>①建立良好的师生关系，帮助学生建立良好的同伴关系
②将学科教学与德育活动和身心健康发展教育有效结合
③以发展学生核心素养为导向，有目的地管理和开展班级活动
④妥善应对突发事件</td></tr>
<tr><td>交流合作能力</td><td>①师生、生生之间平等对话，引导学生自主交流合作
②具有良好的语言文字运用能力，并能引导学生在沟通交流的情境中发展核心素养
③具有良好的人际交往能力，并掌握教会学生进行良好人际交往活动的方法
④与同事、家长之间进行有效沟通，共同促进学生发展</td></tr>
<tr><td>终身学习能力</td><td>①具有终身学习意识并积极付诸实践
②以学生终身学习能力为导向，为学生终身发展奠定基础
③掌握帮助学生树立终身学习观念的教学策略
④了解社会发展需要，为学生发展指明方向</td></tr>
<tr><td rowspan="3">健康生活</td><td>个人修养与行为</td><td>①具有积极的世界观、人生观和价值观
②具有自我调节心态的能力
③富有爱心、责任心、耐心和信心
④衣着得体，语言规范，举止文明</td></tr>
<tr><td>情感趋向能力</td><td>①积极引导学生获得正确的世界观、人生观和价值观
②在教学过程中保持积极的态度，关注学生的情绪变化，积极引导学生的情绪
③具有良好的情感控制能力，激活学生的学习动机</td></tr>
<tr><td>教学评价能力</td><td>①积极主动地根据课标教学建议反思自己的教学活动
②积极主动地根据课标评价建议对学生学业质量水平进行评价
③掌握多元评价方法，多视角、全过程评价学生发展
④引导学生进行自我评价及互评</td></tr>
</table>

续

核心素养		语文教师素养	主要表现
社会参与	责任担当	职业理解与认同	①贯彻党和国家的教育方针和政策，遵守教育的法律法规 ②理解中学教育工作的意义，热爱中学教育事业，具有职业理想和敬业精神 ③认同中学教师的专业性和独特性，注重自身专业发展 ④具有良好的职业道德修养，为人师表 ⑤具有团队合作精神，积极开展协助与交流
		教学态度与行为	①能够做到有教无类，并在一定程度上实现因材施教 ②引导学生自主学习、自强自立，培养良好的思维习惯和适应社会的能力 ③激发学生的求知欲和好奇心，培养学生的学习兴趣和爱好，营造自由探索、勇于创新的氛围
	实践创新	语文课程能力	①具有根据学生核心素养四个方面的要求来确定教学内容的能力 ②营造良好的学习环境与氛围，选择合适的教学模式，促进学生在语言建构与运用、思维发展与提升、审美鉴赏与创造、文化传承与理解等方面获得进一步的发展 ③基于学生的实际情况，通过设计阅读与鉴赏、表达与交流、梳理与探究等语文学习活动，有效地实施教学 ④积极主动地在教学中灵活运用各种教育技术手段，培养学生解读实际问题的能力 ⑤将语文核心素养和21世纪学生发展核心素养体系有机结合，为学生全面发展奠定基础
		教学创新能力	①善于发现和提出教学中的问题，有解决问题的兴趣和能力，并能根据实际情况，选择合理的解决方法 ②在具备一般教学能力的基础上，能够主动更新教学内容、教学方法和自身的教学理念 ③具有创造性思维，善于冲破思维定式，敢于质疑，善于质疑

2018年，为深入学习、贯彻党的十九大精神，组建高素质教师队伍，规范和指导五年一周期教师全员培训工作，分层、分类、分科组织实施教师培训，提高教师培训的针对性和实效性，教育部根据中小学教师专业标准、义务教育语文课程标准、教师教育课程标准以及国家关于教师培养培训、学生核心素养与语文学科核心素养等相关文件精神，制定了《中小学幼儿园教师培训课程指导标准（义务教育语文学科）》，旨在促进义务教育阶段语文学科教师专业化的进一步发展。该标准既可以看成是国家、省、地（市）、县（区）组织开展中小学语文教师培训工作的重要参考，也可以看成是各级教师培训机构、教研机构及中小学设置语文教师培训课程、开发和选择中小学语文教师培训课程资源的基本依据，更可以看成是中小学语文教师规划个人专业发展和自主选择培训课程的根本指南。该标准明确指出，语文教师培训课程是按“核心能力项”来设置研修主题的，而每一个研修主题下有若干专题，它们一起为语文教师的专业发展铺就“如何到那里去”的道路，具体分为五个领域、二十个“核心能力项”，具体如下（表2）：

表2　语文教师培训能力指标体系

一级指标（培训领域）	二级指标（核心能力项）	研修主题
对语文课程与教学的认识	语文课程理解	学科核心素养与语文课程的学科价值
		基于标准的语文教学
		专业对待语文教科书
		语文课程的校本化实施
	语文教学观念	要做有专业知识的语文教师
		依据教育教学原理进行语文教学
		以“学的活动”为基点的课堂教学
		语文教学中情感态度与价值观教育的途径
		“考点”与“教学点”本质的一致性
		应用信息技术改进、优化语文教学
		语文名师教学经验的提炼与传承

续

一级指标（培训领域）	二级指标（核心能力项）	研修主题
识字与写字教学	拼音教学	拼音学习活动的指向（小学低学段）
		拼音知识的应用（小学中高学段和中学阶段）
	识字教学	汉字构形知识与识字教学
		不同学段的课文教学功能（小学低学段）
		不同学段的课文教学功能（小学中高学段和中学阶段）
		文言文的字词教学（小学高学段和中学阶段）
		汉语知识拓展学习
	书写、书法的学习指导	硬笔书写的学习指导（小学阶段）
		硬笔书写的学习指导（中学阶段）
		毛笔字临摹的学习指导（小学中高学段和中学阶段）
		书法与传统文化的传承
阅读教学	课文的教学解读	明晰阅读的观念和阅读取向
		依循体式特性抓住文本的关键点
		推测与分析学生自读课文时的疑难处
		课文的教学功能（小学中高学段和中学阶段）
		名篇解读拓展学习
	教学目标确定与教学内容选择	对阅读教学的认识
		确定阅读教学目标
		选择相应的阅读教学路径
		确定阅读教学内容
		重组课文，整合教学内容

续

一级指标（培训领域）	二级指标（核心能力项）	研修主题
阅读教学	教学活动、教学资源与教学点的一致性	课前、课后学习活动与课堂教学的一致性
		合理安排教学环节和流程
		围绕课文教学点设计教学活动
		根据教学活动的需要开发利用教学资源
	对学生学习状态的关注	从静态的教案到动态的教学
	整本书阅读指导	整本书阅读的课程设计与阅读活动开展
写作教学	写作知识和写作教学知识的更新	掌握基本的写作知识和写作教学知识
	给学生提供多种写作机会	多种语篇类型的写作机会
	写作学习活动设计与过程指导	设计真实或拟真的写作任务
		分析完成写作任务的条件和要求
		估量学生完成写作任务的主要困难或问题
		组织包含若干学习元素的写作教学单元
		借助写作学习支架开展写作教学活动
	习作修改指导与习作评价	在修改、交流中获得写作学习经验
口语交际教学	口语交际教学的专业性	口语交际教学的专业知识
	口语交际教学内容选择	口语交际教学的学习元素
	口语交际教学活动的开展	与教学内容相应的口语交际教学活动
综合性学习的组织与指导	综合性学习的认识	综合性学习的活动类型
	综合性学习方案编制	设计综合性学习方案
	综合性学习活动过程的指导	综合性学习活动的实施

除了以上两个指标框架，还有一些研究者对教师核心素养进行了论述，如王光明认为：教师核心素养包括政治素养、道德素养、文化素养与教育精

神；教师核心能力包括教育教学能力、教研和创新能力、学习和反思能力、沟通和合作能力。[①]王潇晨等认为，教师核心素养是教师基于教师的专业知识和能力、须要在实践中形成的、能够在教书育人过程中促进学生核心素养发展的必备素养，包括知识素养、能力素养、伦理素养与实践智慧。教师核心素养具有技术性与情感性的结合、普遍性与独特性的统一、生长性与阶段性共生等特征。[②]孙兴华等根据欧盟与美国有关教师核心素养与专业发展的政策文件，认为，不论时代如何发展，教师知识与技能仍是教师的必备素养；教师对职业的积极情感态度是专业发展的基石；现代技术不断发展，教师的信息和通信技术素养不可或缺；在STEM课程发展视角下，跨学科素养成为教师专业发展的必然趋势。[③]另外，还有就语文教师核心素养进行具体分析的，如田存库认为，教师所具备的深厚语文专业知识是学生获得语文核心素养的基础，教师高超的授课能力是让学生获得语文思维方法与品质的重要途径。由此可知，教师的专业素养水平直接影响学生语文核心素养的培养情况。[④]

二、语文教师核心素养分析

下面，本书重点围绕“阅读教学素养、表达教学素养、教学设计素养”进行分析，试图阐析核心素养教育对语文教师专业发展的新要求。

（一）阅读教学素养的内涵及意义

纵观基础教育阶段的语文课程教学，其实它进行的基本是“阅读教学”或“文章教学”，其他几类学习项目如“识字写字”“口语交际”等也都是通过“阅读教学”来完成的。再结合人们熟知的一句话，“阅读是运用语言文字获取信息、认识世界、发展思维、获得审美体验的重要途径。阅读教学是学生、教师、教科书编者、文本之间对话的过程”，更加确定了“阅读”及“阅读教学”对语文教师核心素养发展的重要性。

①王光明.教师核心素养和能力结构体系再探［J］.中国教育科学（中英文），2019（4）.

②王潇晨，张善超.教师核心素养的框架、内涵与特征［J］.教学与管理，2020（3）.

③孙兴华，薛玥，武丽莎.未来教师专业发展图像：欧盟与美国教师核心素养的启示［J］.教育科学研究，2019（11）.

④田存库.语文教师应不断追求自我发展以提升专业素养［J］.中国教育学刊，2019（8）.

《现代汉语词典》将“阅读”定义为“看（书报等）并领会其内容”。《教育大辞典》将“阅读”定义为“一般指默读和朗读，主要指默读，是从书面语言获取文化科学知识的方法，信息交流的桥梁和手段”。这一定义可以说是从阅读活动的社会效益来考虑的，而且点出了“默读和朗读”是“阅读”最为重要的类别和形式。《中国大百科全书·教育卷》将其解释为“是一种从印的或写的语言符号中取得意义的心理过程。阅读也是一种基本的智力技能，它是由一系列的过程和行为构成的总和”。可以看出这是从阅读主体的角度去定义的，将阅读整个过程理解为一种心理活动过程。除了词典或辞书，国内学者们认为阅读就是“通过书面语言获取思想或体验情感的心理活动，是读者与作者以文本为凭借的对话”[①]。以上可以说是从读者、对象（也就是文本、文字符号等）、作者这三方面交融互动的角度来理解“阅读”的。然后，再看国外学者对“阅读”的理解。前苏联学者萨哈罗夫等在《图书馆读者工作》一书中提出，阅读是一种旨在汲取文字中所记录信息的交流活动。这种认识与吉布森和利文提出的“阅读乃是从文本中提取意义的过程”[②]不谋而合。还有史密斯和狄卡特认为，阅读是对书写记号的感觉，是书写记号与读者积累的经验之间相互联系的过程。[③]这是从人与阅读材料之间关系的角度进行理解的，认为“阅读”就是人们在已有经验的作用下识别书面材料中所记录的符号的过程。综上，阅读是一个极其复杂的术语概念，远不是人们想当然的那样简单。就连对阅读做过系统、深入研究的西方学者伯克·休伊也说：“透彻分析阅读时我们之所为，几乎是一名心理学家成就值顶峰，因为这或许要描述人类心灵最为精细的工作过程，而且要解开文明有史以来最显赫卓著的活动的难解之题。”在一线语文教学中，不同的教师心中对“阅读”都有自己独特的理解与认识，而这种独特的理解与认识其实就是一种不同的语文阅读观。因此在教学层面，自然也就会呈现出不同的语文教学观。而这两类“不同”的实际情况与“阅读”的实质以及正确的“阅读教学”可能相差甚远，甚至南辕北辙。所以界说“阅读”及“阅读教学”的

①张中原，徐林祥.语文课程与教学论新编［M］.南京：江苏教育出版社，2002：136.

②董蓓菲.语文教育心理学［M］.上海：上海教育出版社，2006：166.

③卿家康.阅读与阅读艺术［M］.北京：知识出版社，1991：5.

重要性不言而喻。

依据国内外学者对“阅读”的理解，本书认为阅读实质上有广义和狭义之分，也就是有两种“阅读”，一种是人们平日所说的阅读，一种特指语文课程中的阅读。从范围上来讲，前者是包括后者的，后者是对前者的提炼和深化。人们平日所说的阅读更多的是一种社会意义上的阅读，其阅读的对象不仅仅是文字、图画等信息符号，还应该包括整个物质世界和人类的社会生活。而狭义的阅读，也就是语文课程中的阅读，一般来讲，就是教师引导学生，通过一系列的方式方法促使学生更好地感知并理解书面信息符号（主要是教材中的课文及各类读本）的表面内容及其背后隐含的、需要通过复杂的心理过程才能了解的意蕴，并在整个思维活动中伴随着动机、兴趣、情感、意志、性格等智力和非智力因素。只不过这个过程是在有组织、有计划、有规范的引导下进行的，并能使这种“阅读”成为学生的一种习惯、一项技能。总的来说，学校内所掌握的“阅读”是为社会中的“阅读”服务的，或者说是为学生将来走进社会进行“阅读”服务的。

从教师核心素养“阅读教学素养”的角度来说，应重点把握以下四点。第一，明确阅读教学的目标：培养学生的阅读兴趣，督促学生养成良好的阅读习惯，丰富学生的阅读积累，增强学生的在场体验和语言感应能力，进而全面提升学生的语文素养。叶圣陶先生早在《略谈学习国文》中就说过：“语言文字的学习，就理解方面说，是得到一种知识；就运用方面说，是养成一种习惯。为养成阅读的习惯，非多读不可；同时为充实自己的生活，也非多读不可。”第二，掌握阅读教学的技能：能够教授学生多种具体的阅读方法，如朗读、默读、略读、诵读等。叶圣陶先生在《中学国文学习法》中提到，阅读以了解所读的书为起码标准。所谓了解，就是明白作者的意思情感，不误会，不缺漏，作者表达些什么，就完全领会他表达的意思。必须做到这一步，才可以进一步加以批评，说他说得对不对，合情理不合情理，值不值得同情或接受。无论哪种阅读方法，其所要达成的最基本的目标是一致的，然而语文课程中的阅读教学理应在此基础上有更高的追求。第三，懂得阅读教学的一般原则：循序渐进地训练学生的阅读能力，卓有成效地培养学生的阅读技巧。

（二）表达教学素养的内涵及意义

一般提及“表达”，人们首先想到的可能是人际互动、交流，即“口语”表达，遗忘了“写作”也是表达，并且是一种更为重要的表达。在语文教育中，为了将之与“口语”（口头语）表达区分开来，往往将“写作”称为“书面”（书面语）表达。如果宽泛点说，“表达”远不止“口语”和“书面”两种，一个表情、一个举止，都是一种具体表达，只不过形式稍有不同罢了。从这个意义上说，教师的“表达”实则包括三种行为：说、写、做，其中的“做”既是对“说”“写”的概括，也是对教师专业实践的要求。正如有研究认为的那样：“把思考或思想化为行动，是一种更有意义的专业表达方式。”[①]

从教师核心素养“表达教学素养”的角度来说，教师需要重点对“口语交际”（口语表达）“写作”（书面表达）两项事关学生核心素养的学习活动进行阐释。只有正确认识“口语交际”“写作”的概念要旨，才能真正理解和认识教师“表达教学素养”的内涵和意义。

1.口语交际

口语交际是在一定的语言情境中相互传递信息、分享信息的过程，是人与人之间交流和沟通的基本手段。由此可见“口语交际”在人的社会化进程中的重要性，它不仅是一个人的沟通交流能力，也是一个人能否适应当今社会时代发展的评价指标之一。但对于何为“口语交际”，教师往往存在简单化理解的倾向。

从语文课程发展史的角度，本书发现中国古代教育是比较重视口语交际教学的，只不过那时还没有“口语交际”这一术语。由史料可知，最早重视“口语交际”的应是古代教育家孔子，其“孔门四科”中就有“言语”一科。当然，此“言语”并非人们今日所理解的语言学视角下的“言语”，其意义可能更多地指向一种有哲思的“对话”，而孔子弟子及其再传弟子所著的《论语》，应该就是对这种“对话”的记录。而且，看过《论语》的人都知晓其中多次谈到了“言”的重要性，如“不知言，无以知人也”“一言可以兴邦”等。所以，孔子可能是“口语交际”课程设置的“鼻祖”。无独有

①林汇波.倡导教师专业表达提升教育有效性［J］.基础教育课程，2018（24）.

偶，另一位思想大家墨子也同样重视“说话”的重要性。其《尚贤》有云：“厚乎德行，辩乎言谈，博乎道术。”这是墨子对那个时代所谓贤人能者所需才能的概括。而其中的“辩乎言谈”正是指人的交际能力。而到了隋唐，科举制度兴起后，统治阶级开始以文章取士，因为口头语（口语）与书面语（文言文）不一致，说与写脱节，所以人们在教学和学习时逐渐将“口语”这一块抛开。直至清末，废除科举制度，开始推行学校教育，加上后来的白话文运动，“口语”与“书面语”才渐趋一致，教师也在教学中无形地加强了对“口语”的重视与训练。

《现代汉语词典》对“口语”的解释是“谈话时使用的语言（区别于‘书面语’）”；对“交际”的解释是“人与人之间往来接触”。可以说，语文教育教学中常说的“听说读写”活动实质上就是学生掌握和运用“语言”来表达思想、交流情感的过程和结果。此外，还要注意“言语”发出者的个别性和创造性。用语言学的观点来看，“语言”是约定俗成、有规则的，而“言语”是动态的、社会性的。这也就决定了相同的言语者在不同的言语环境，亦或是不同的言语者在相同的言语环境下，往往因为自身或周边的不确定因素说出风格迥异的活。这也使口语具有了交际属性，在人们使用口语进行交流时，只有通过人与人之间的接触往来才能更好地实现沟通，达成一致。所以，“交际性”也应成为“表达”的核心要旨。

换言之，“口语交际”就是指在特定的言语环境中利用标准的有声言语和相应的姿态言语相互传递并分享信息的过程，是人与人之间进行听说沟通、双向反馈的一种实践活动。基于此，“口语交际”本身就是一种动态存在。此时，“口语交际”等同于“口语交际教学”，只不过“口语交际教学”突出了“教学性”，使“口语交际”这项活动有了特定的方向和目的。

2.书面表达

语文课程标准明确要求中小学生“能具体明确、文通字顺地表达自己的见闻、体验和想法。能根据需要，运用常见的表达方式写作，发展书面语言运用能力”。可见，“书面语表达”也是语文课程的重要组成部分和训练内容。在不同学段用了不同的术语概念对其进行表述：第一学段（1～2年级）是“写话”，第二（3～4年级）、第三学段（5～6年级）是“习作”，第四学段（7～9年级）是“写作”。写话、习作、写作以及人们平常所说的作文这四个术语概念之间有何联系与区别？对此，人们必须予以厘清，不然这些术语概念“在长期的使用过程中积淀了种种分歧见解，在教学实践中也自然会产生不少值得反思的问题”[①]。对同一课程形态用不同术语概念进行表述，其中必定隐含着更为深刻的意蕴。之所以关注名目的问题，是因为大家感到中小学作文教学出了问题，而且是比较严重的问题[②]。

首先来看“写话”。“写话”就是写自己想说的话。这主要是针对一、二年级的学生而言的。由于这个阶段的学生刚接触“书面语表达”教学，出现的问题更多的是陌生与无措。教师要求“写出的话”与他们平时所说的话有很大的不同，“写出的话”要求是标准的普通话、是简单的书面语。然而，这种“写出的话”与学生原生态的话语大大不同。因为在进入学校之前，由于家庭环境等因素，学生说话往往以方言为主，这也就给突如其来的“写话”带来了一定的难度。因为“写”不同于“说”，“写”和“说”是截然不同的两码事。“说话”没有什么限制，让人听懂即可，不需要太过文雅或者过于追求辞藻绚丽等。“写话”则不同，其需要一定的逻辑思维，先写什么，再写什么，为什么要这样写而不那样写，这些都是有一定准则的。此外，“写话”要求向“书面语”靠拢，故其在语言风格、词汇选择与运用方面都需要推敲。但“说话”和“写话”也是有相同点的，那就是无论是“说”还是“写”，都是一种表达。所以，教师一定要深刻地认识与理解“说话”与“写话”的相同点与不同点。“但长期以来，我们的写作教学不是从‘写话’开始，而是在‘话怎么说，文章就怎么写’的观念指导下进行的”[③]。教师在观念上不予以修正，学生也不主动去改变，以至于有些学生即使经历了十几年的语文课程学习，也仍然不能独立有效地写出一篇真正意义上的书面语文章。从教育学的角度来看，理念应先于技能。所以若要改善以上现状，教师理应转变“写话”教学观念，在进入教学之前深入认识和理解“写话”的含义及其指向。

---

①刘森.当代语文教育学［M］.北京：高等教育出版社，2005：205.

②王荣生.求索与创生：语文教育理论实践的汇流［M］.济南：山东教育出版社，2013：56.

③潘新和.“写话”“习作”与“写作”辩证［J］.语文建设，2002（2）.

“习作”顾名思义就是练习写作或学习作文，这也符合“习”的本意。正因为是“习作”，所以其不是一种真正意义的写作，更多的是一种训练。如果细细考究，小学中高年级的学生在整个“习作”过程中学到的是一种他们在将来奔赴小升初考场、面对考卷时可能用到的技能技巧等。而由于小学生的知识储备有限、思想还欠成熟等，所以其习得的这种技能技巧是粗浅的、不成熟的，基本不适用于以后的文章写作。而且到了中学，“习作”这一术语又被置换成了“写作”，从“写话”过渡到“习作”再到“写作”，绝非是术语的简单置换。故语文课程在第二、三学段应明确“习作”的含义及通过“习作”所想达到的任务和目的，并区分其与写作还有作文的差异，这样才能更好地、富有层次地训练学生的写作思维，完善学生的写作观念。

现在再来看“写作”。《现代汉语词典》将“写作”定义为“写文章（有时专指文学创作）”。从“写”的字源意义上来看，其有“我心写者，舒其情意，无留恨也”的注解。“作”有“创作，撰述”的义项。合二为一来看，“写作”就是将心中所想、所思、所感移植到由字、词、句、段等搭构起来的文章里，通过符号毫无保留地抒发或者呈现出来。这也就有了“宣泄、排除”之意。这与《现代汉语词典》的定义不谋而合。“写作”是富有艺术性的创造。顾明远主编的《教育大辞典》没有对“写作”进行解释，只有对“作文”的解释。然而“写作”在中小学是一个指代宽泛的术语概念，大多时候与“作文”是不做区分的。从不同类别中小学校语文课程表的设置就可看出，有的是“写作课”，有的是“作文课”。然而当下我国中小学的“写作”教学所追求的或者说是呈现的状态并非是上述描绘的那样。当下的“写作课”基本表现为两种状态，一种是“写作前”的“命题、要求、引导”，一种是“写作后”的“批改、点评”，对“写作”中的“观察、指导”则是缺失的。可以说，这种程式化的写作教学训练与人们所期待的写作教学范式是相悖的，而且这样的训练、指导，也绝不可能真正提高学生的写作能力与写作素养。总之，有了这份清醒的认识，教师可以加深对写作学习、写作教学法现状的认识，从而调整教学行为，使写作教学真正走出“少慢差费”的尴尬境地。

最后再来看“作文”。《现代汉语词典》对“作文”的定义是“①写文章（多指学生练习写作）；②学生作为练习所写的文章”，将第一个解释与上文《现代汉语词典》对“写作”的定义进行比较，可以清楚地分辨出“写作”和“作文”的区别。而且，《中学语文词典》也做了同样的解释。这更清晰地说明中学语文教学更多进行的是“作文教学”而非“写作教学”。“写作”的范围是大于“作文”的，而且其指向不同，前者具有极强的社会性指向，后者具有较强的教学性或学习性指向。针对两者在语文课程中使用混乱的情况，可喜的是新课标中已不再用“作文”这一术语概念来作为课程名称，这表明课标研制者已经意识到它可能产生的负面效应。但我们建议，今后的教学还是不宜再继续使用“习作”“作文”或“写作文”这类可能引起观念性误解的术语概念。语文课程是为生活服务的，故语文教育教学中还是统一用“写作”这个概念比较好，它更贴近社会，自由性更大，而且它还约定俗成地指向书面语的创制与表现，有利于改变“写”的教学的虚假性，有利于教学与实践的统一。这也与新课标强调的素养理念一致。

总之，语文课程中的“表达”主要指“口语表达”和“书面表达”。其中“口语”就是口头言语，是人类言语的一种基本形式，包括语言、语音、语调、语气、语态和节奏等，运用不同的语气、语态和节奏来交流思想、表达感情往往会有不同的效果。而“口语交际”可以说是人们运用连贯标准的有声言语和无声言语交流思想、传递信息、表情达意的实践活动。其中，“书面表达”根据不同学段，有如下四种称谓：“写话”就是写想说的话；“习作”就是练习作文，是更为粗浅的作文训练；“写作”就是一种书面语创作；“作文”就是学校语文课程为学习写作而进行的练习，是有计划、有程序的训练。从“写话”到“习作”到“作文”再到“写作”，在难度上是层层递进的关系，在内容形式上是不断推进的过程。而从语文教师的角度来说，所谓的表达素养，实际上主要指“表达教学素养”，尤其是语文课程中的“口语表达教学和书面语表达教学”，具体到课堂现场，“表达教学素养”主要体现为教师采取一定的理论指导、案例借鉴、实践练习、规律总结等方式，使学生在与别人交流沟通的过程中学会倾听、思辨及应对，从而提高学生的交际水平、语文素养和文化修养的一种教学活动或教学实践。这也是本部分开头部分所强调的“表达实际上就是一种行动或一种实践”。

（三）教学设计素养的内涵及意义

“教学设计”是20世纪50年代后逐渐形成的一门综合性学科，起初它与教育技术学、教学科学等密切相关，而后随着教与学理论的日益完善，教学设计开始成为一个独立的研究领域。可以说，任何一个从事教育工作的人都不可能对它感到陌生。对这一概念术语的解释，可谓丰富。国内学者更是不胜枚举，仅以“教学设计”冠名的各类编著就有不下20本。从课堂教学的角度而言，我们认为“教学设计”的基本含义就是“设计教学”，说得更具体完善些，就是“设计教师的教与学生的学”，并且主要以“设计学生的学”为核心宗旨。据此也不难理解为何要将“教学设计”作为教师的核心素养去考量了。

然而进入课堂教学现场，发现教师的教学设计基本是个人经验本位的，存在较大的随意性和偶然性。正如语文教育专家王荣生教授所言：“不少时候，语文教师在教学生的，还是小集团内流行的或个人线性生产的‘知识’。而那些阐释、变异、生产，往往是不自觉的、即兴的、无理据或者仅以‘我以为’的个人性反应为理据，从来没有被要求作学理的审查。”①

其实，不仅语文学科如此，其他很多学科亦是如此。根本原因在于教师在面对课程与教材时，既缺少一种教学目标方向感，也没有一种质量评价标准底线。虽然国家政策性文件已明确要求课堂教学要依据课程标准来设计与实施，但是教师的课程标准使用意识仍然淡薄，对课程标准的理解与认识仍不到位，基于课程标准的课堂教学仍很少见，这也就导致了大多数教师并不能“像专家一样”整体地思考标准、教材、教学与评价的一致性问题，自然也难以实现课程标准对教材编写、教学、评估与考试命题的指引性作用。因此，为了克服并缩小“标准研制”与“课程实施”之间的差距，本书提倡教育应该具备“一致性”教学设计理念。

①王荣生.语文科课程论基础［M］.上海：上海教育出版社，2003：392.

教学设计是一种专业性极强的人类行为和研究领域。与其密切相关的四个核心问题是“为什么教”“教什么”“怎么教”“教到什么程度”，广大一线教师往往聚焦于中间两个问题“教什么”和“怎么教”，甚至还有一些学科如语文等可能只关注“怎么教”，对其他两个问题即“为什么教”和“教到什么程度”置若罔闻，探讨研究得实在太少。究其缘由，主要是没有整体一致地将这四个前后关联的问题置于“课程”这个视域来统筹考量。①② 基于标准的教育改革实质上就是一场以编制课程标准为起点，依据课程标准开展课程、教学、评价和教师专业发展等方面改革的国际性运动。结合课程标准来看，“为什么教”主要指向“课程目标”，“教什么”主要指向“课程内容”，“怎么教”主要指向“实施建议”，“教到什么程度”主要指向“评价质量”。而从“课堂”这个微观视域（即“教学设计”的过程）来看，“为什么教”主要指向“教学目标”，“教什么”主要指向“教学内容”，“怎么教”主要指向“教学活动”，“教到什么程度”主要指向“教学评价”。很显然，“目标—内容—实施—评价”四要素中蕴含着“教学一致性”问题。

最早提出此概念的是美国教育心理学家科恩。当初科恩主要用它来替代教学中的某些设计条件与预期的教学过程、教学结果之间的匹配程度。后来对此概念进行过全面深入研究的美国著名教育评价专家韦伯认为，“一致性”就是指两种或更多事物之间的吻合程度，即事物各个部分或要素融合成一个和谐的整体，并指向对同一概念的理解。他明确提出，实现这种一致性的根本目的是更好地指导教师的教学与学生的学习。

国内有学者结合韦伯等对“一致性”的理解，将此概念进一步演化到具体的课堂教学中，此时的“一致性”主要是指“教—学—评的一致性”，即在整个课堂教学系统中教师的教、学生的学和对学生学习的评价三个因素的协调配合的程度。从课程的视角来看课堂教学，作为灵魂的目标，既是出发

①崔允漷.课程实施的新取向：基于课程标准的教学［J］.教育研究，2009（1）.

②汪泽贤.基于课程标准的学业成就评价的比较研究［M］.北京：教育科学出版社，2010：3.

点，也是归宿，[①]所以“教—学—评的一致性”的研究理应是一种基于学习目标而展开的专业实践活动，也就是说，此处的“一致性”应该是学习目标导向下的一致性，也即“目标—教—学—评”的一致性。其中的“目标”主要是指具体的课时目标，即通常意义上的“课堂学习目标”，是学生学习的预期“终点站”；“教”主要是指教师为了帮助学生实现学习目标而采取的一系列行为活动；“学”主要是指学生为达成学习目标而做出的种种努力，是与前者“教”相对应的概念，课堂视域下既不应有脱离教师教的学，也不能有脱离学生学的教；最后的“评”主要是指教师和学生自己对学生学习效果进行的评价，以此来检测学习目标的达成情况。

“教学一致性”包括四种形式：“目标—教”一致性、“教—学”一致性、“学—评”一致性、“评—目标”一致性。它们两两联动，共同构成了“一致性”的基本含义。然而“目标—教—学—评”并非单方向的线性演进，“教”和“评”要指向目标，学生的学习过程也应该指向目标。同理，“评价”能够检测目标的实现情况，也能直接反映“教”和“学”的效果。所以，“目标、教、学、评”四要素之间并不是只有相连的两者才具有“一致性”的要求，每一个要素与其他三者形成网状，互相铆接，是“牵一发而动全身”的关系。当前指向学生发展核心素养的新一轮基础教育改革正在施行，因此，教师在日常的教学设计中就不得不去思考学科核心素养的渗透与落实的问题，而核心素养的“渗透与落实”绝非单靠哪一个环节就行的，必须将之贯彻到“目标—教—学—评”的整个过程。

第二节　语文教师专业发展的关键要素

一、语文教师专业发展概述

①崔允漷，雷浩.教—学—评一致性三因素理论模型的建构［J］.华东师范大学学报（教育科学版），2015（4）.

（一）教师专业发展

《现代汉语词典》对“专业”一词的解释，其意有三：一是中等和中等以上学校的学系中，按照生产部门的需求将所学，要学的知识分成几个类别成为门类；第二，生产部门根据生产产品的不同过程将其分为几个部门成为业务部门：第三，专职从事某职业或某工作。基于以上的解释，教师这个行业的发展理念可以概括为三种：教师专业累积过程、加速专业累积的成长过程、教师累积专业过程和加速成长过程两方面兼有的过程。

在教师专业发展的过程中，叶澜教授将其定义为教师的“专业发展”。也就是说教师专业化发展就是教师在发展的过程中，不断丰富自身知识，不断成长并且不断学习新知，提高自身专业能力和水平，增强意志过程。[①]教师专业化的定义在国内外也有不同的界定。叶澜等学者认为，教师专业发展通过教师的不断成长及教师内在结构的不断更新、丰富、演进的过程。[②]学生对教师专业化也有自己不同的看法，认为教师在职前培训阶段和任教期间及培训进修的整个过程都是需要不断学习和研究的。既要不断丰富自身的专业知识，又要提高专业内涵，在促进教师专业发展水平上起到一定的促进作用。教师的专业发展既是教师成长的过程，也是教师不断发展的阶段。本书认为，要促进教师专业发展，就要把教师放在首位，教师既要在自己的专业领域进行提升，下要不断地进行自我反思，不断提高自我技能和专业知识，表现出专业精神并且成为一个优秀的教育工作者。

（二）语文教师专业发展

语文教师的专业发展，也就是语文教师在其专业领域中，通过自身的不断努力，在丰富自我专业知识的同时，提高自身专业能力进行全面发展的过程。语文教师想要在自己的领域表现出创造性，就需要不断地通过实践和自我学习进行提升，在多变的教育环境下，不断反思和总结自身的问题，提高

①叶澜.教师角色与教师发展新探［M］.北京：教育科学出版社，2001：222—225.

②叶澜，白益民，王枬，等.教师角色与教师发展新探［M］.北京：教育科学出版社，2001：231—241.

自身的职业素养，增强自身的专业情谊，从而达到一个专业教师的水平。

（三）中小学语文教师专业发展

中小学语文教师本身具有个体独特性，这也是中小学语文教师专业发展的属性。中小学语文教师在教授的过程中，应该具有专业理念与师德、专业知识与专业能力。中小学阶段正是学生发展的初级阶段，也是人奠定一生发展基石的阶段。中小学语文教师在教授学生的时候，不仅要具备语文专业素养，更要培养学生终生阅读和学习的兴趣和习惯，对学生起引导作用。教育对象的独特性，对中小学语文教师的专业理念和师德提出了更高的要求。从专业知识方面来看，我国仍然是分科教学，中小学语文教师应该具备四大方面的知识：中小学生发展知识、学科知识、教育教学知识和通识性知识。专业能力则是考验教师工作能力和水平的综合体现，中小学语文教师不仅要具备教育教学设计能力，还要有组织与实施能力、沟通合作能力，同时也要具备激励与评价能力、发展与反思能力。课程改革的发展与推广，对中小学语文教师提出了新的要求，教师不只是领导者，更是学生成长的促进者。师生之间的关系并不只是单一的学与教，而是双方的交流和学习，师生共同进步，同时教师也要带着学生不断进行课程的创新，要丰富课程内容，把一节语文课讲好并营造良好的学习氛围。这是教师应该努力的方向。教师还要经常进行教育研究，要认识到自己的职责并不只是单纯地进行授课，更要教育好学生。教师要以研究者的身份投身于实践，思考和总结教育过程中面临的问题。这些都为中小学语文教师专业发展提供了方向，同时也提出了更高的要求。

二、中学语文教师的阅读教学素养

苏霍姆林斯基说："一个人终其一生能够读完的书不会超过两千本，且其中相当大一部分（不少于半数）应当是在上学的年代里读过的。"[①]所以，他非常严格地挑选了360种书籍，供少年们阅读。新一轮以核心素养为目标的中学语文教改提倡"阅读为要"，体现其改革思想的统编语文教材将课外阅

①苏霍姆林斯基.给教师的建议［M］.于长霖译.杭州：浙江人民出版社，2022.

读纳入教学计划，设计了“教读—课内自读—课外阅读”三位一体的阅读课程，希望孩子们能“少做题，多读书，好读书，读好书，读整本的书”。面对新的时代要求，如何提升自己的阅读素养，如何提高学生的阅读效能，是每位语文教师及将要从事语文教学的师范生必须思考的问题。

（一）做“读书种子”

针对吕叔湘关于语文教学“少慢差费”现象的批评，温儒敏强调，语文教学要抓住培养读书兴趣这个“牛鼻子”，真正实现“读书为要”，还得有条件，那就是——语文教师要以身作则。[①]聚焦语文核心素养教育教学改革，温儒敏提出，统编高中语文教材改革力度大，课堂教学的主体转换，读书的要求高，教学的难度增加了，对教师是挑战。教师怎么办？只有多读书，增学养，当“读书种子”，才能跟进，以求得教学质量的不断提高。[②]读书，对语文教师而言，本应是一种生活常态。苏霍姆林斯基说：“读书，读书，再读书——教师的教育素养的这个方面正是取决于此。”要把读书当作第一精神需要，当作饥饿者的食物。要有读书的兴趣，要喜欢博览群书，要能在书本面前坐下来，深入地思考。因此，对于中学语文教师为何要读书这个问题，本书认为是无须讨论的；而读什么与如何读，即如何成为“读书种子”才是教师要关心与解决的问题。

中学语文教师究竟该阅读什么？有建议多读中外文化经典者，有强调要读关注教学、关注育人的专业书刊者，有强调要关注学生的阅读兴趣、紧跟时代的脉搏者，还有指出不妨读点休闲、娱乐的调节者。这些说法都没错，但需要注意的是，千万别忘了语文教材中要求学生阅读的书籍，教师首先得有过阅读，最好是下过工夫、有过思考的阅读。

当下，教师的阅读现状，甚至语文教师的阅读现状，总体令人担忧。原因很多，缺少时间保证是主要因素之一。苏霍姆林斯基在谈及保证教师读书

①温儒敏.温儒敏谈读书［M］.北京：商务印书馆，2019：39.

②温儒敏.统编高中语文教材的特色与使用建议：在统编高中语文教材国家级培训班的讲话［J］.课程·教材·教法，2019（10）.

时间时曾提出，教师的空闲时间越少，他被各种计划、总结之类的东西弄得越忙，那么他们对学生将要无物可教的那一天就来得越快。2019年12月，中共中央办公厅、国务院办公厅印发了《关于减轻中小学教师负担进一步营造教育教学良好环境的若干意见》，重申教育是国之大计、党之大计。教师是教育的第一资源，承载着为党育人、为国育才的历史使命，肩负着培养社会主义建设者和接班人的时代重任。创造教育教学良好环境，让教师全身心投入教书育人工作，落实立德树人根本任务，是各级党委和政府的职责所在，是全社会尊师重教的基本体现，强调必须牢固树立教师的天职是教书育人的理念，切实减少对中小学校和教师不必要的干扰，把宁静还给学校，把时间还给教师，进一步营造宽松、宁静的教育教学环境和校园氛围，确保中小学教师潜心教书、静心育人。党和国家关注教师减负，要求把宁静还给学校，把时间还给教师，但是有了时间保障，并不等于就是书香校园，还要看语文教师的阅读素养与指导能力。

（二）提高中学语文教师的阅读素养

对于如何提高中学语文教师的阅读素养，仁者见仁、智者见智，除了要求博览群书，更多的是就读书方法的讨论。在众多读书方法中，尤其值得关注的是主张读书要口到、手到、心到。所谓“口到”，就是诵读、朗读，它是人类阅读的最初形态，能有效调动人的视觉、听觉，加强人的接受感知度，尤其是在阅读古典文学中的韵文部分，更具有独特功效。所谓“手到”，就是做随文批注，做读书笔记，从经学到文学，这种读书方法已经成为我国传统读书方法的主流，有人强调不动笔墨不读书。宋代陆九渊《与曾敬之》云：“读书作文亦是吾人事，但读书本不为作文，作文其末也，有其本必有其末，未闻有本盛而末不茂者。若本末倒置，则所谓文者，亦可知矣。”[①]今天人们提倡读写结合，其目的一来增强阅读的目的性，二来通过写作巩固和强化阅读效果。所谓“心到”，是指阅读时要投入，要能沉浸其中，要有自己的思考，大概就是人们通常所说的“深度阅读”。只有“心

①陆九渊.象山先生全集［M］.北京：商务印书馆，1935.

到”了，其阅读才不会流于为阅读而阅读的形式；只要“心到”了，即使是读常见书，也会有不一样的收获。

（三）提高整本书阅读教学指导能力

中学语文新课标与统编教材均将整本书阅读提上日程，并将其纳入“教读—自读—课外阅读”三位一体阅读课程设计中。其实，关于中学语文整本书阅读课程化的提议早已有之。

钱穆曾于20世纪20年代初撰《指导中等学生课外读书问题之讨论》一文，针对当时中等学生读书无周密之精神、无切实之方法的情况，规定除精读选文外，每学年由学校指定课外读书一种，具体是前期第一年读《论语》，第二年续《孟子》，第三年续《史记》；后期第一年续《左传》，第二年续《诗经》，第三年续诸子（规定《老》《墨》《庄》《韩》《吕》《淮南》《小戴礼》《论衡》八部，由学生选其中一部或两部）。除第一年的《论语》有课内讲解外，其余均为课外阅读，课内讨论的目的是通过读《论语》来养成学生有系统的读书之方法，并注重事实的考察与整理，以为之后五年自由研究奠定基础。在具体读法指导上，钱穆是按照循序渐进原则来设计的，如第二年读《孟子》的主旨，是在继续上学年指导学生有系统的读书方法，并注意养成其做读书笔记的能力；第三年读《史记》的主旨，是在继前两年养成学生有系统的读书方法及做读书笔记外，分组研究较为更自由的发展。目的是通过前三年切实详密的指导，令学生养成自首至尾专攻一书的精神，并开示其系统的研究的门径。钱穆强调“讨论指导中等学生读书问题，应先考虑须着眼于多数学生，而定一普遍之标准；须着眼于多数学科，而定一适当之分量；须着眼于多数书籍，而定一公平之选择；须着眼于多数事实，而定一更可能而更见效之办法”。[①]钱穆的有关中等学生课外读书的讨论，与今天新一轮中学语文课程改革提倡“阅读为本”，将课外阅读纳入课程体系，形成“教读—自读—课外阅读”三位一体的阅读课程体系基本

①邹永红，陈开林.钱穆佚文：《指导中等学生课外读书问题之讨论》及现实意义［J］.图书情报研究，2018（4）：80—85.

一致。

叶圣陶《论中学国文课程的改订》云："试问，要养成读书习惯而不教他们读整本的书，那习惯怎么养得成？我们固然可以说，单篇短章和整本的书原不是性质各异的两种东西；单篇短章分量少，便于精密的剖析，能够了解单篇短章，也就能够了解整本的书，但是，平时教学单篇短章，每周至多两篇，以字数计，至多不过四五千字；像这样迟缓的进度，哪里是读书习惯所许可的？并且，读惯了单篇短章，老师局促在小规模的范围之中，魄力就不大了；等遇到规模较大的东西，就说是两百页的一本小书吧，将会感到不容易对付。这又哪里说得上养成读书习惯？以上的话如果不错，那么，国文教材似乎该用整本的书，而不该用单篇短篇，像以往和现在的办法。退一步说，也该把整本的书作主体，把单篇短章作辅佐。"①叶老的设想则更为激进，他提倡将整本书阅读教学课程化，而且是作为中学语文课堂教学的主体，将现在的阅读教学主体——单篇选文作为辅助。受课堂教学及中高考的现实限制，叶老这完全翻转阅读教学课程主次关系的想法，恐难推行。但其增加阅读量、养成读书习惯乃至阅读魄力的出发点，不论是过去、现在还是将来，不论是中学生还是中学语文教师，都是其发展阅读素养的目标所指。

对于如何增加整本书阅读的量，将整本书阅读纳入课程教学，统编版高中《语文》设置了"整本书阅读"学习任务群，但考虑到高考升学的因素，只在上下两册必修教材中安排了曹雪芹的《红楼梦》与费孝通的《乡土中国》这两本书。其实，上文所引初中统编《语文》的"名著导读"单元，也是落实"整本书阅读"任务的。但这30来本书中，学生是不是都感兴趣，还不好说，比如柳青的《创业史》，现在的中学生就未必感兴趣。再加上个体阅读兴趣本就存在差异，因此，从调动学生阅读整本书兴趣的角度出发，必须扩大学生整本书阅读的选择面。在开列书单之前，需要注意的是，不要忽略了课内教读、自读课文背后的整本书。这些经典的选文，经过老师的精讲，学生对其局部已有了相对了解，对于选文所选的整本书，则充满了期待，从接受美学的立场出发，这些选文背后的整本书更能有效激起学生的阅

①叶圣陶.叶圣陶语文教育论集［M］.北京：教育科学出版社，2021.

读兴趣。

为促进义务教育阶段语文学科教师的专业发展，提高教师培训的针对性和实效性，2017年11月，教育部办公厅印发了《中小学幼儿园教师培训课程指导标准（义务教育语文学科教学）》，该标准是根据中小学教师专业标准、义务教育语文课程标准、教师教育课程标准以及国家关于教师培养培训、学生发展核心素养与语文学科核心素养等相关文件精神制定的，采用“以学定培”的办法，即依据学生的语文课程学习目标，制定语文教师的教学能力标准。它是国家、省、地（市）、县（区）组织开展中小学语文教师培训工作的重要参考，是各级教师培训机构、教研机构及中小学设置语文教师培训课程、开发和选择初中语文教师培课程资源的基本依据，也是中小学语文教师规划个人专业发展和自主选择培训川课程的根本指南。

该标准的“阅读教学”部分单列了“整本书阅读指导”一节，在设定具体“培训目标”的同时，还提供了一份供语文教师评判自身整本书阅读教学指导能力的“能力诊断”量表，其所描述的能力层级，其实就是教师指导能力培训的目标方向。不论是集中培训，还是自主研习，根据这份“以学定培”的“能力诊断量表”，语文教师能拾级而上，有目的、有计划地提升自己的整本书阅读教学指导能力。

书读得多并不等于就是读得好，针对如何让一本书真正属于自己的问题，本书想推荐两本谈如何有效阅读整本书的书。一本书是美国艾德勒和范多伦合著的《如何阅读一本书》，该书认为太多的资讯就如同太少的资讯一样，都是一种对理解力的阻碍。换句话说，现代的媒体正以压倒性的泛滥资讯阻碍了我们的理解力，①这是艾德勒面对近80年美国人阅读状况的有感而发，在网络信息爆炸的今天，它依然具有超强的现实针对性。另一本书是日本奥野宣之的《如何有效阅读一本书：超实用笔记读书法》，他提倡用笔记管理读书生活，认为没有经过加工的想法会消失，经过整理记录在案的思考则可以灵活运用。该书具有很强的可操作性，极易推广。

①艾德勒，范多伦.如何阅读一本书［M］.北京：商务印书馆，2004：8.

三、中学语文教师的表达教学素养

所谓“表达”主要有“口语表达”和“书面表达”之分。从学生教育的角度来说，不管是“口语表达教学（口语交际教学）”还是“书面表达教学（写作或作文教学）”，首先都要求教师有良好的“口语表达素养”和“书面表达素养”。也因此，本书认为提升语文教师表达教学素养的最佳途径有二：专业写作与专业教学。首先，专业写作能够帮助语文教师提升书面表达素养，而专业教学能够帮助语文教师提升课堂口语表达素养。这与我们所强调的“表达”内涵也是相一致的。其次，这两种途径都是实践取向的。语文教师核心素养发展的场域更多的是在学校之内、课堂之中，而语文教师的教育行为也基本发生于学校之内、课堂之中，因此，以专业写作和专业教学为抓手能够更好地促进教师个人专业水平的提升。最后，专业写作与专业教学相辅相成。专业教学主要涉及教师在课堂中的导入能力、提问能力、评价能力等，表现为一种专业的口语表达。专业写作主要涉及教师的作文（教学指导）能力、教学论文写作能力、课题研究能力等，表现为一种专业的书面表达。对课堂教学中的“导入”“提问”“评价”的思考，可形成专业的教学反思和教学论文，甚至可以作为一个小课题进行研究，而研究所获可提升或优化课堂教学，依此循环，坚持下去，通过专业表达和专业实践，可以有效促进教师表达教学素养的不断发展。

（一）善思与常写：专业写作能力提升策略

“新教育实验”的倡导者、领军人朱永新教授一直强调教师专业发展的四个“不停”——不停地实践，不停地阅读，不停地思考，不停地写作。江苏省语文特级教师刘祥认为这四个“不停”正如一把尺子，可以丈量出一名教师的职业素养与职业情怀的短长，并强调，真正意义上的教育实践、教育反思、专业阅读，需要以专业写作为主线，串联起相应的教育教学活动。[①]换句话说，唯有持之以恒的专业写作，才能带动持之以恒的专业实践、专业阅读和专业思考。并且，也只有教师真正懂得和愿意写作，才有可能教会学生如何写作以及爱上写作。

从一般写作的角度看，作为教师可选择的写作形式其实是很丰富的，类型也多样，既可以写长文也可以写短文，既可以写小说也可以写散文，既可以写教育随笔也可以写教研论文。写作的话题也较为广阔，既可以是日常生活中的琐碎小事，也可以是社会之要事、国家之大事，更可以是教学工作中的所思所感。

法国思想家帕斯卡尔充满自信地说：“思想——人的全部尊严就在于思想。”[②]思想是一个人的脊梁，是一个人安身立命的根本，更是一个人与生俱来的资本和权利。那么，作为人类灵魂工程师的教师，更应该重视自己的所惑、所思、所感。教师往往一味埋头忙于教学和管理中的琐碎事务，比如备课、上课、批改作业、写教案、值班乃至应对上级检查、考核等，以致常常忘了思考，丢了自己。本书始终相信“人会因思而变”，教师也不例外，他们因思考教学设计而让课堂焕发生命，因思考学生困惑而让师生关系变得融洽和谐。除此之外，教师还应了解和懂得比“思想”（思考）更重要的是“思想着”（思考着），前者也许是一种决心或态度，后者却是一种状态和习惯，更是一种教育智者、行者的姿态。

那么，如何体现教师在时刻“思想着”？我们的回答是：用不断的专业写作“成果”来佐证。有“吸收”有“倾吐”，再“吸收”再“倾吐”，循

①刘祥.改变，从写作开始［M］.上海：华东师范大学出版社，2018：207.

②帕斯卡尔.思想录［M］.北京：商务印书馆，1985：164.

环下去，提升的是专业水平与学科素养，甚至是一个人的精神内涵与生命质量。单从教师个人专业发展的角度来说，我们所说的“专业写作”主要是指教育叙事、教学叙事、教育案例、教学案例、教学反思、教学论文、教育论文、教育随笔、读后感、教育书评、教育专著等。每一种专业写作的要求都不一样，各有风格。有偏情境叙事的，如教育叙事、教学叙事、教育随笔等；有偏案例反思的，如教育案例、教学案例、教学反思、读后感、教育书评等；有偏著说立论的，如教学论文、教育论文、教育专著等。除了教育专著，不管是什么体例、样式的专业写作，其往往是对教育教学中的某个小问题进行系统的、有针对性的思考、研究，然后从某一视角对其进行阐释、解读。这个过程其实就是对自己想要解决的问题所立意义付诸实践的过程。当这种“专业写作”成为一种自然状态时，教师收获的又何止是思想的拓片？其将收获一种专业成长与开阔的视野。

（二）温度与深度：专业教学能力提升策略

教师站立于讲台之上，教授的对象不是雕塑，也不是铜像，而是一个个富有鲜活灵性的生命个体。他们需要交流、沟通、呵护、关爱、陪伴、指导、帮助等，而这些需要又基于良好的师生关系、和谐的教育环境。所以，教师需要努力让课堂有温度，让教学有深度，只有这样，才有可能让学生的未来人生极具高度。让每一堂普通的课富有温度想必是诸多一线教师一直以来的追求。那么，如何才能让语文课保持适宜的温度？我们觉得以下三点需要重点思考。

第一，教学实践的育人目标应该是基于学生立场的，并以追求学生的更好发展为导向。结合语文核心素养来说，就是从语言、思维、审美、文化等方面着手，将这些要素渗透于课堂教学活动，通过师生之间的对话交流、活动体验，共同经历素养提升的意义之旅。

第二，课堂学习活动应该是贴合学情的，符合大多数学生的价值需求。有学者提出，教学，是基于学情的教学，而不是罔顾学情，双眼只盯教师的“教”与学生的“学”的教学；好的教学，无疑是因材施教的教学，需要教师选择适当、适度的方法教育不同的个体，从而实现教育的真正目的——促进人的全面发展。[①]在班级授课的大环境下，教师也许还没有条件做到个别教学乃至一对一教学，但教师至少应该努力地去实现大多数人的因材施教，尽可能地让每一位孩子都找到学习语文的兴趣，并走上会学的道路。

第三，课堂评价的介入需要及时且有效。教育学视域下的评价应是促进学生学习的评价，而非仅仅是验证或评估学生学习质量的评价。课堂评价不在多而在精，不在美而在巧。

①吴春来.以发现的视角构建语文课堂教学内容［J］.语文教学通讯，2017（25）：27—30.

参考文献

[1] 刘喜红.学科实践语文素养的致获[M].上海：华东师范大学出版社，2023.

[2] 黄厚江.播种核心素养的语文课堂[M].上海：华东师范大学出版社，2023.

[3] 张想林.语文教育与人文素养研究[M].长春：吉林出版集团股份有限公司，2023.

[4] 张宁建.核心素养与高中语文教学实践[M].福州：海峡文艺出版社，2023.

[5] 包树珍.核心素养下的语文课堂教学实践[M].北京：华文出版社，2023.

[6] 郭忠英.指向语文要素的教学与实践[M].福州：福建教育出版社，2023.

[7] 李金文，王义荣.语文阅读与写作教学新探[M].湘潭：湘潭大学出版社，2023.

[8] 刘敏，段增勇.核心素养导向的高中语文课堂教学重构[M].北京：高等教育出版社，2023.

[9] 齐娟.以文育人核心素养视角下的小学语文教育[M].镇江：江苏大学出版社，2023.

[10] 王翠玲，张海芳，李霞.指向学科核心素养的小学语文单元整体备课的思考与设计[M].北京：九州出版社，2023.

[11] 周曼云，田圆.基于核心素养的高中语文教学关键问题解析[M].北京：高等教育出版社，2023.

[12] 葛筱宁.指向核心素养的课文阅读[M].北京：北京工业大学出版社，2023.

[13] 孙立华.基于核心素养的语文教学实践[M].北京：线装书局，2022.

[14] 章林华.素养课堂和问题发现[M].杭州：浙江工商大学出版社，2022.

[15] 徐文.小学语文教育与文学素养研究[M].青岛：中国海洋大学出版社，2022.

[16] 王涛.基于核心素养下的语文阅读教学探究[M].长春：吉林人民出版社，

2022.

[17] 胡雪峰，葛荣.初中生语文素养提升策略研究［M］.广州：羊城晚报出版社，2022.

[18] 凌宗伟.语文学科核心素养与语文教学［M］.上海：华东师范大学出版社，2022.

[19] 石修银.语文核心素养构建的视域［M］.福州：海峡文艺出版社，2022.

[20] 李舜，曾叶萍，林碧瑜.初中学生提升语文素养的双线策略［M］.北京：现代出版社，2021.

[21] 周璐璐.基于语文核心素养的文本解读［M］.青岛：中国海洋大学出版社，2021.

[22] 任卫杰.核心素养下的语文教学策略探究［M］.宁夏：阳光出版社，2021.

[23] 吴莹.阅读，打开语文核心素养之门［M］.长春：吉林文史出版社，2021.

[24] 刘鹰.基于核心素养的语文生态课堂创新教学设计［M］.南京：东南大学出版社，2021.

[25] 周康平.指向语文核心素养的课堂转型［M］.杭州：浙江科学技术出版社，2021.

[26] 陈玉福.核心素养下的中学语文教学实践［M］.长春：吉林大学出版社，2021.

[27] 杨旭明，廖鹏飞.核心素养导向的语文微课教学［M］.天津：南开大学出版社，2021.

[28] 刘广霞.高中语文核心素养教学研究［M］.武汉：武汉出版社，2021.

[29] 刘荣，付宜红.基于核心素养的高中语文教学［M］.重庆：西南师范大学出版社，2021.

[30] 潘小斌.合作学习小学语文核心素养教学实践策略［M］.广州：广东经济出版社，2021.

[31] 苑青松，张福清.语文学科核心素养提升读本［M］.广州：广东高等教育出版社，2021.